北京市属高等学校高层次人才引进与培养计划项目
（CIT&TCD201304077）阶段性研究成果

集体化时期农村合作医疗制度研究

JITIHUA SHIQI
NONGCUN HEZUO
YILIAO ZHIDU YANJIU

马 冀 ⊙ 著

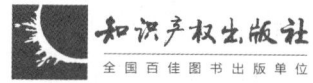

图书在版编目（CIP）数据

集体化时期农村合作医疗制度研究/马冀著. —北京：知识产权出版社，2017.7
　　ISBN 978-7-5130-4768-5

　　Ⅰ.①集… Ⅱ.①马… Ⅲ.①农村—合作医疗—医疗保健制度—研究—中国 Ⅳ.①R197.1

　　中国版本图书馆 CIP 数据核字（2017）第 032755 号

内容提要

对农村的疾病、医疗及卫生问题展开探究是理解乡村社会变迁的一个重要窗口。国家在新中国成立初期改变了过去以往自费医疗的传统，将合作理念贯穿到农村医疗的服务领域和融资领域，最后发展成为中国成功模式的传统合作医疗。本书针对集体化时期农村合作医疗制度做了翔实有益的研究。

责任编辑：张筱茶
装帧设计：刘　伟　　　　　　　　　　责任出版：孙婷婷

集体化时期农村合作医疗制度研究
马　冀　著

出版发行：	知识产权出版社有限责任公司	网　址：	http://www.ipph.cn	
社　址：	北京市海淀区西外太平庄 55 号	邮　编：	100081	
责编电话：	010-82000860 转 8180	责编邮箱：	baina319@163.com	
发行电话：	010-82000860 转 8101/8102	发行传真：	010-82000893/82005070/82000270	
印　刷：	北京科信印刷有限公司	经　销：	各大网上书店、新华书店及相关专业书店	
开　本：	720mm×1000mm　1/16	印　张：	12.5	
版　次：	2017 年 7 月第 1 版	印　次：	2017 年 7 月第 1 次印刷	
字　数：	220 千字	定　价：	49.00 元	
ISBN 978-7-5130-4768-5				

出版权专有　侵权必究
如有印装质量问题，本社负责调换。

前　　言

　　集体化时期是我国社会发展史上一个重要的时期，对国家现代化建设产生了深刻的影响。新中国成立后，新政权也开始对乡村社会进行建设，每一个村庄都逐渐成为国家治理下的组织细胞。在政治运动的推动下，通过互助组、初级社、高级社和人民公社等形式的变革，把政权渗透基层，加强了对乡村社会的控制。

　　在这个变革过程中，广大农民逐渐从个体农民变成集体组织下的社员，并得到国家的种种保护。特别在人民公社时期，农民的生产和生活方式发生重大变革，他们的生产劳动由集体统一调配，日常生活也由国家管理。可以说，国家的政治、经济变革及社会结构变动等逐渐渗透于乡村社会的婚姻、生育及医疗等微观实践中。

　　国内外学者对我国集体化时期高度关注，因为这是一个具有独特历史特征和鲜明时代个性的阶段，是一个有研究潜力的领域。其中学界对集体化时期农村社会的研究也是关注较多，这些学术成果集中在社会学、人类学等领域，研究对象也多是以国家话语为中心对土改、合作化、"大跃进"、人民公社以及"四清"和"文化大革命"等政治运动的探究，相比起来对农村社会医疗问题的关注就显得单薄。

　　集体化时期乡村社会的医疗卫生实践是一个社会改造过程，对乡村社会的变迁产生重大影响。比如遍布在广大农村的联合诊所、保健站、卫生所、巡回医疗队，以及穿梭在田间地头的赤脚医生，这些都蕴含了丰富的历史元素，构成了农村卫生医疗实践的一幅幅历史画面。基于此，对农村的疾病、医疗及卫生问题展开探究可以说是理解乡村社会变迁的一个重要窗口，以此深刻理解集体化时期国家与农村社会的微妙关系。

　　制度经济学认为任何制度的发展和完善都不可能离开特定制度环境的影

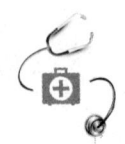

响。集体化时期农村合作医疗制度的发展也处于整个农村经济社会文化发展的大环境中，制度的变迁受到农村经济发展水平的影响。国家在新中国成立初期改变了过去以往自费医疗的传统，尤其是农业合作化之后，更将合作理念贯穿到农村医疗的服务领域和融资领域，最后发展成为中国成功模式的传统合作医疗。

纵观集体化时期农村合作医疗制度的发展历程，其成功与衰落为当前我国农村医疗制度体制改革提供了宝贵的历史经验。农村医疗卫生事业的发展也是国家战略发展中的一个重要方面，充分体现了公民的健康权。十六大以后，中央政府提出了"以人为本""科学发展观"和"和谐社会"等执政理念，逐步构建了基本覆盖农村居民的新型农村合作医疗体系，这也是国家经过60多年的探索寻求到的解决农村缺医少药问题的途径。可以说，对历史的考量都是基于对现实的思考，"以人为本"视域下新型农村合作医疗体系的构建，需要从中国农村合作医疗的制度变迁中全面分析和研究，并总结和吸取经验。

当前，新一届中央政府提出了没有全民健康，就没有全面小康，要把人民健康放在优先发展的战略地位，加快推进健康中国建设，为实现"两个一百年"奋斗目标、实现中华民族伟大复兴的中国梦打下坚实的健康基础。而我国农村也存在一些医疗卫生问题，如环境污染、卫生条件落后、农民看病难及农村社会保障薄弱等。在国家大力开展新型合作医疗和社会主义新农村建设的形势下，迫切要求我们在关注现实动态时，也要回过头来反观历史，审视过去走过的足迹，这正是诸多学者对集体化时期农村医疗卫生社会史研究的现实意义所在。

目录
CONTENTS

第一章 农村合作医疗制度的起源 …… /1
第一节 近代合作运动和农村合作医疗制度的起源 …… /3
第二节 新中国成立前共产党领导的卫生事业 …… /10
第三节 中国共产党领导实施农村合作医疗制度的雏形 …… /16

第二章 农村合作医疗制度的兴起 …… /21
第一节 新中国成立初期的农村医疗卫生 …… /23
第二节 新中国成立初期农村医疗卫生事业的开展 …… /30
第三节 农业合作化运动和农村合作医疗制度的兴起 …… /46

第三章 农村合作医疗制度的发展 …… /69
第一节 "大跃进"和人民公社化运动的推动 …… /71
第二节 农村三级医疗预防保健网 …… /74
第三节 在人民公社化运动中快速发展 …… /80
第四节 医疗卫生政策的转变 …… /88

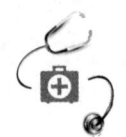

第四章 农村传统合作医疗制度的高潮 /105
第一节 覃祥官与"乐园公社"合作医疗的创办 /107
第二节 毛泽东对发展合作医疗的支持 /111
第三节 大众传媒和政治运动的影响 /123
第四节 农村合作医疗制度的实施者——赤脚医生 /128
第五节 合作医疗的运行 /145

第五章 农村合作医疗制度的式微 /149
第一节 合作医疗的衰落 /151
第二节 合作医疗衰落的原因 /156

第六章 对农村合作医疗制度的一些思考 /167
第一节 合作医疗制度的历史作用 /169
第二节 赤脚医生的历史作用 /174
第三节 对农村合作医疗制度的一些思考 /176

主要参考文献 /180

后　　记 /194

第一章
农村合作医疗制度的起源

第一节　近代合作运动和农村合作医疗制度的起源

20世纪20年代,在中国华北农村悄然兴起了一场著名的合作运动。这场运动是由中国华洋义赈救灾总会开创的,在当时产生了重要的社会影响,也为之后中国共产党开展的合作运动提供了宝贵的历史经验。可以说,华北农村合作运动是我国农村合作医疗制度的历史源头。

一、华洋义赈救灾总会

1920年,我国华北五省农村遭受了严重的自然灾害,许多农作物颗粒无收,广大民众的生活陷入了绝境。面对灾害,一些中外仁人志士自发组织义赈团体,积极筹集款物赈灾以帮助救济受灾的民众。灾害过后,有人建议将这些义赈团体组织起来以便更好地开展赈灾活动。1921年11月,在北京成立了一个名为中国华洋义赈救灾总会的机构,这是一个中外合作的赈灾机构,它的主要宗旨是帮助在各种灾害中受影响的贫困民众。

华洋义赈会成立之后,就积极开展各种赈灾工作以帮助救济那些受灾的贫困百姓。为了能更好地帮助受灾的农民,他们还对赈灾工作进行了各种改革尝试,特别是树立了"防灾重于救灾"的理念,把救灾工作的重点放在"合作防灾"上,以更好地开展工作。如何让合作防灾工作顺利地开展呢?基于当时我国国贫民弱的状态,特别是广大农村民众的生活更是贫困不堪,华洋义赈会认为把分散的农民组织起来通过创办农村合作社,整合有限资源,可以帮助改善农村社会的经济状况。1923年4月,华洋义赈会首先以河北省作为实验区进行改革,他们制定了《农村信用合作社空白章程》,动员当地广大农民组织起来发展信用合作社。同年6月,在北京附近的香河成立了我国历史上第一个农村信用合作社。8月,华洋义赈会又成立了合作委办会,聘请

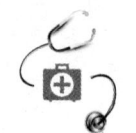

于树德作为委员会的指导专家，专门负责指导设计具体的合作事项，并划拨专项钱款以促进合作社良好发展。❶

在华洋义赈会的指导下，华北农村的合作事业有了初步发展。据对1923年到1934年间的统计，河北省69个县都发展了合作组织，其中共有合作社961个，共计社员23 875人，联合社28个。❷ 需要指出的是，华北农村合作事业之所以能够发展起来，并取得了一定的成绩，一个主要的原因就是其借鉴了德国雷发森式合作组织的模式。雷发森式合作组织的主要特点是社员对合作社事业要有高度的责任，以巩固社员信用；社员入社须认购社股，缴纳股金，使社员与社发生密切关系；接受存款，以吸收过剩资金，扩大放款能力；划拨社中部分盈余为公积金，用于公益事业。显然，雷发森式合作组织模式把"提取公积（益）金，用于公益事业的精神"作为发展合作运动的主要原则，即把公积（益）金作为农村合作组织得以存在和发展的重要因素，使得合作组织能够顺利发展。

通过几年的发展，华北农村合作社组织的经济实力得到了一定的提升，其中股款由1923年的286元增至1931年45 858元，增长了159倍；存款额由1925年的169.19元增至1931年的8 777.3元，增长了50倍；储金由1925年的121.1元增至1931年的11 455.7元，增长了93倍；公积金由1925年的333.8元增至1931年的2 2191.4元，增长了65倍。❸ 可以说，通过互助合作的方式，吸引农民入社，整合有限的资金资源，帮助农民实现经济等方面的改进，促使合作社组织发展起来。

华北农村合作社的发展也受到了当时南京国民政府的关注，并被确认为国民政府的"七项运动"之一，逐渐在全国其他地方进行推广发展。虽然在之后国民党政府并没有很好地致力于农村合作运动的发展，但是这项运动作为我国农村合作社组织形式及合作制度确立的最初萌芽，为新中国成立后我国农村合作医疗制度的形成和发展提供了不容忽视的借鉴作用。如金融合作可助改善农民经济生活的贫困，促进农村经济发展；通过建立合作社把农民

---

❶ 于永兹：《中国初期合作运动在河北》，《合作评论》，第3卷第2号。
❷ 李文伯：《华洋义赈救灾总会与中国合作运动》，《南大半月刊——经济专号》。转引自刘纪荣、王先明：《二十世纪前期农村合作医疗制度的历史变迁》，《浙江社会科学》，2005年第2期。
❸ 于永兹：《中国初期合作运动在河北》，《合作评论》，第3卷第2号。

组织起来，激发它们自助、互助的精神，不仅促进了农村经济的发展，也有利于维持农村社会的稳定；由于合作组织采用社员一人一票的表决权，培养了农民民主及权利意识，激发了他们政治参与的精神；合作社还经常组织农民参加各种形式的培训，增长他们的知识，启发他们的智能。

总而言之，这种从合作事业中提取公积（益）金，用合作的方式来举办农村医疗卫生事业的创意，随着合作运动的逐渐发展而广为传播，为中国农村合作医疗制度的产生与发展准备了适宜的环境和土壤。

二、定县三级保健制度

20世纪30年代，中国社会处于各种矛盾的交织中，在贫弱国情下，民众的生活状况极为贫困，尤其是广大乡村社会，农村经济处于破产边缘，农民更是处于水深火热之中。在这样的情形下，出现了一批怀有救世济民愿望的仁人志士，他们满怀激情纷纷从城市来到农村，期望通过开展各种社会改造运动以及推广某些技术改良等措施以改善农民贫弱的生活状态。其中，晏阳初就是一个试图通过自己努力改善当时中国社会现状的知识分子，他早年留学美国并获得博士学位。1920年，晏阳初回国后开始致力于组织平民教育运动，1923年在北平成立了"中华平民教育委员会"（简称"平教会"）。平教会认为当时中国社会的主要问题是"愚、贫、弱、私"四个方面，因此，他们的主要目标是要对广大民众开展以文艺教育救愚，以生计教育救穷，以卫生教育救弱，以公民教育救私的各种社会改造运动。1926年，平教会首先把河北省定县的翟城村作为开展社会试验的试点，但是，由于经验不足以及人才、经费、社会环境等因素的制约，这项社会实验最终并没有取得一些实质性的成果。

到1929年，晏阳初把平教会迁到定县，并把定县作为他社会实验的试验点开展工作，在当时社会也产生了一定的影响。基于之前的实践经验，这次晏阳初首先对定县社会的各方面进行了详细调查，主要包括当地的历史、地理、人口、社会风俗、生活习惯、工商业、农业以及健康与卫生。关于健康与卫生方面的调查主要有衣、食、住、行、医药、疾病、清洁等方面。其中，对医药卫生机构方面的调查情况包括：在1930年，整个县城内共有旧式药铺13个，眼药铺3个，眼药作坊2处，西式医院有6处。在453个村子内共有

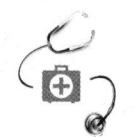

各类医生 446 名，中式药铺 375 个。❶ 并且县城的医生主要是中医，新式的西医是基本没有的。尽管从分布来看，每个村子平均有 1 个医生，但是还有 226 个较小的村庄是没有医生的。

在调查中，他们还发现定县的肠胃病患者人数比较多，共有 354 人，占所有患者总数的 25%，其中有 50 人因病死亡；其次是眼病，大约有 60% 以上的人患有沙眼；再次是疮伤、肺疾、呼吸病、疹子、关节炎、疟疾、皮肤病、天花、脑出血、产后综合征、牙痛、性病、耳病等。❷ 在众多疾病中，传染病的危害最大，从死亡情况来看，定县农村中的重大疾病主要是肺疾（即肺结核）、肠胃病和抽风，因这三类疾病死亡的人数占到死亡总数的 54.39%。❸ 总的来说，对定县的医学调查主要是针对当时农村社会的卫生状况及农民的健康展开的，所调查的结论基本上是比较客观真实的，而且这项调查对之后在我国广大农村推行医疗卫生保健运动，以及整个中国乡村建设运动都产生了不容忽视的影响。

平教会主张对农村进行社会改造，通过开展各种形式的教育使广大农民成为新式的农民，具备一定的知识力、生产力、强健力和团结力。因此，平教会设立卫生教育部，以推行实验区的卫生工作。1932 年，陈志潜开始对定县进行社会实验改革。针对定县长期缺医少药的状况，他认为要解决农村的医疗卫生问题，不能简单照搬西方模式，只在城市开设医院，而是要把卫生工作的重心放到预防为主上，通过采取自下而上并与卫生教育相结合的方法，建立一种可以使每个普通农民都能真正享受到的基本医疗健康保障制度。也就是说，在我国广大农村要把开展以县为单位的医疗保健制度作为根本。

根据农村医药卫生的实际状况大力开展卫生教育是平教会社会实践的一项重要措施，具体来说就是："一方面实施卫生教育，使人人为健康的国民，以培养其身心强健的力量；一方面要创造农村医药卫生的制度，以节省各个农民的医药费用，改进今日医药设备的分配状况，以促成公共卫生的环境。"❹ 为此，平教会提出了通过建立县、区、村三级保健网，以切实解决广大农民

---

❶ 李景汉：《定县社会概况调查》，中国人民大学出版社 1986 年版，第 293 页。
❷ 李景汉：《定县社会概况调查》，中国人民大学出版社 1986 年版，第 282—283 页。
❸ 李景汉：《定县社会概况调查》，中国人民大学出版社 1986 年版，第 284 页。
❹ 李景汉：《定县社会概况调查》，中国人民大学出版社 1986 年版，第 168 页。

基本的医疗卫生问题。

定县的乡村医疗保健制度分为三级,第一级是村保健员,第二级是区保健所,第三级是县保健院。每个村子设保健员一人,主要的工作是对一些地方常见疾病进行急救和治疗,开展卫生预防工作,实行普遍种痘,改良水井,宣传卫生常识,负责生命统计并管理一个常用药品的保健箱。保健员的选拔标准大多是热心服务、忠实可靠、身体健康而且年龄在 20~35 岁。

作为村级的保健员,他们通常要在工作之初接受当地保健所对其进行近 10 天的专门业务培训。训练课程主要包括个人清洁、妇婴健康、种痘、改良水井与厕所、简易消毒等基本医药知识和技术。平教会还强调保健员要住在村中,与村民生活在一起,这样不仅方便他们能够及时为农民进行医治,还可以接受村民的监督,使医疗保健具有可持续性。保健员的大部分工作主要是利用休息时间来进行的,他们不领取薪水,也不收取药费,治疗中所需药品大多由平教会或村中提供,对于一些患病较为严重的患者,保健员可以把患者转到保健所进行医治。

可以说,村中有了保健员,农民一旦患病就能及时得到医治,并且看病的费用也很少,每次的医疗费仅需 1 个铜圆。到 1932 年,平教会就已经在 50 个村子设立了保健员,仅一年时间,普通疾病在村里就能得到医治,较为严重不能治疗的患者则介绍到区保健所或县保健院进行治疗。此外,保健员还进行村子的医疗防疫工作,使村民在抵御传染病方面收效甚大,提高了当地农村的医疗卫生水平。❶

区级保健所则设在区或联村,主要负责附近 3 万人口 20 个村庄区域的医疗保健工作。保健所具有承上启下的作用,它们提供了村保健员最基本的卫生服务和县保健院相对专业化服务之间的联系。通常保健所的主要人员有 1 名医生和 1 名护士以及 1 名助理员协助医疗工作。他们主要的工作职能包括:1. 负责训练与监督村级保健员并治疗比较严重的疾病,尤其是保健员转来的患者。以 1933 年为例,定县每个保健所每天平均诊治 29 人次,其中村保健

---

❶ 李济东:《晏阳初与定县平民教育》,河北教育出版社 1990 年版,第 300—301 页。

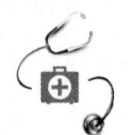

员转来的病人就占了总数的30%以上。❶ 2. 监督和统率全区的医疗卫生工作。3. 负责学校卫生以及卫生教育工作。4. 进行预防注射,防治当地一些急性传染病。据统计,仅在1934年,定县接受种痘的人数就达到了80%,接受防治霍乱注射的人数也有70%。❷ 可见,区保健所在进行流行病的防治和卫生防疫工作方面,起到非常重要的作用。

1932年4月,平教会首先在马家寨设立了第一所区保健所,到1937年,定县有近一半的乡镇都建立了保健所。建立保健所对于改善当时乡村长期缺医少药的医疗卫生现状,保障农民的基本健康起到了一定的作用。

保健院主要设立在县上,它们是全县卫生教育与建设的总部,主要负责全县的医疗卫生事业。通常保健院的人员配置主要有男、女医生各1人,助理医生2人,护士8人,药剂师和检验员各1人,还有事务书记及助理员6人,这些医务人员大多都具备一定的医学教育背景。他们主要的工作职能包括：1. 开设住院治疗。保健院内专门设有30张病床,专供那些较为严重的病人使用。2. 保健院设有专门的卫生行政人员负责全县疫病的防治,一旦发生重大的传染病如天花、霍乱等,就由县卫生机关组织进行防治。3. 保健院负责向保健所提供专门的经费进行医疗研究工作,并负责创造卫生教育材料和方法。4. 为了避免药品浪费,防止使用不良药品,由保健院统一管理全县的药品。5. 保健院还为医学毕业生提供业务实习的场所,并定期组织培训护士和助理员。❸ 可以说,在整个三级卫生保健网中县保健院起着主导作用,它是全县医疗卫生体系的龙头。

定县的三级卫生保健制度取得了一定的社会效果。在当时,定县模式是比较符合中国农村实际状况的,它是一种"低水平、高效率"的医疗保健制度,给长期缺医少药的广大农民提供了治病就医的机会。通过开展卫生防疫改善了农村较差的医疗卫生环境,保障了农民的健康,给农民带来很大的实惠,在一定程度上提高了乡村社会医疗卫生状况,并且为新中国成立后我国农村合作医疗制度的形成和发展提供了一定的"技术模型"借鉴。从投入情

---

❶ 刘纪荣、王先明：《二十世纪前期农村合作医疗制度的历史变迁》,《浙江社会科学》,2005年第2期。

❷ 李济东：《晏阳初与定县平民教育》,河北教育出版社1990年版,第301—302页。

❸ 李廷安：《中国乡村卫生问题》,上海商务印书馆1935年版,第110页。

况来看，定县保健制度的成本较为低廉，整个保健网络每年的开支为35 550元，以定县40万人口计算，每年平均每人负担9分钱，每家负担四五角钱。从产出情况来看，卫生条件较以前有了很大的改善，人口死亡率、妇婴死亡率等指标都逐年减少，多种疾病的预防和治疗得到了普遍的改善。基本上每个村都有保健院，农民基本上都能得到一定的医疗保障，每年的医药费比以往大大减少。

定县模式在国内外引起了一定的反响，一些国内外政府及相关组织和机构高度关注并借鉴其经验。在国内，南京国民政府卫生署借鉴定县模式发展农村医疗卫生事业，基本做法是在县设置卫生院，在乡镇设置卫生所以及在村设卫生员，并取得一定的效果。在抗战暴发前，还有一些地方的先进人士也积极开展乡村建设运动，通过建立实（试）验区（县）以发展乡村社会的公共卫生事业，如在无锡、兰溪、江宁、济宁等地以及山东的邹平实验区大都借鉴了定县模式。在国外，一些国际卫生组织、国际联盟等也认为定县的乡村保健实验有一定的借鉴意义，专门组织官员到定县进行实地调研，而且平教会卫生教育部的陈志潜主任也被邀请到美国进行讲学，主要介绍定县三级医疗保健制度的实施经验。

在众多实验区中，江苏无锡的惠北实验区所开展的乡村保健实验具有典型的意义，它不仅吸取了定县模式的有效经验，而且对定县模式进行了制度创新。1936年2月，无锡惠北实验区小园里村通过建立合作医疗制度进行乡村保健实验，它们的具体做法是整合全村人员，把25户的137人组织起来，每年每人只需缴纳保健费3角，就可以享受全年的免费医疗、注射预防针和种牛痘等医疗保健。通过实施这种医疗保健制度，该村农民的健康状况得到了一定的保障。以注射防疫针和布种牛痘为例，通常以各区的卫生分所、学校为布种点，由分所医生、特约卫生员以及从事乡村工作的职员担任种痘师，在每年春秋各布种牛痘一次。据统计，1934年至1937年，该实验区共有4 355人接受了种痘。此外，为了预防当时比较流行的霍乱、天花、痢疾、脑膜炎等传染性疾病，实验区还组织进行注射防疫针。据统计，从1934年到1937年间，实验区共有2 644人接受了防疫注射。❶

---

❶ 喻任声：《三年来惠北实验区工作的检视》，《教育与民众》，第8卷第10期。

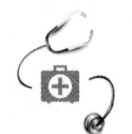

还有一些地方也为贫苦农民实行免费治疗，如无锡和徐公桥的清洁卫生运动经验、邹平的新法接生经验等，❶ 都是当时比较典型的社会实践运动。遗憾的是，由于之后抗日战争的暴发，这些好的社会实验也被迫停止，然而，它们的经验为之后我国农村合作医疗制度发展提供了一定的借鉴作用。

第二节　新中国成立前共产党领导的卫生事业

中国共产党自创立起，就立足于关心广大贫困民众的根本利益，其中民众的医疗健康问题也是一方面，因此极为重视人民群众医疗卫生事业的发展。早在 1922 年 7 月，在党的二大纲领中就明确指出要保护劳动者的健康和福利，设立工人医院，保护童工、女工等。可以说，这是早期党提出关于发展人民大众医疗卫生事业最初的思想。但是，由于艰苦的战争环境，这些发展卫生事业的思想并未得到很好的实施，大多只能在根据地以及解放区实施，主要是通过创办军队医院、开展巡回医疗等方式为伤员以及民众来进行医治。这些努力主要是保障战争和改善根据地及解放区民众的健康，通过初步发展农村医疗卫生事业，减轻了贫困百姓的疾病痛苦，增进了军民关系的融洽，使民众更加拥护中国共产党及其军队。

一、组建红军医院

新中国成立之前，多年的战争以及社会动乱，国家的社会医疗卫生状况是比较落后的。中国共产党领导的医疗卫生事业主要是以建立红军医院为基础，以此来保障战争之所需。1927 年 10 月，根据地第一所红军医院建立在宁冈茅坪的攀龙书院。❷ 这个医院的规模较小，只能容纳近 50 个伤员，尽管如此，它在战争年代却起了重要的医疗保障作用，使红军伤病员能够得到较为稳定的治疗。医院下设医务室，有 2 名中、西医，另有 10 多人组成了看护

---

❶ 郑大华：《民国乡村建设运动》，社会科学文献出版社 2000 年版，第 518—523 页。
❷ 刘善玖：《苏区医疗卫生研究中的若干问题——苏区卫生史专家高恩显将军访谈录》，《赣南医学院学报》，2010 年第 10 期。

排、担架排和事务排。主要的医疗工作是服务于受伤的红军士兵，但是也会为附近的百姓看病。在战争年代，药品的供给非常紧张，因此，医院的药品大多是从当地自采而来的中草药以及极为少量的缴获或购来的西药。

随着红军规模的扩大，战争日益频繁，伤员也逐渐增多，最多时有近800人。1928年8月至9月间，红军在井冈山的小井成立了小井红光医院（后更名为小井红军医院），这个医院的规模较大，是一座两层楼的木结构医院，能够容纳数百人。在当时药品奇缺、医疗设备极差的条件下，红军医院努力救护伤员，保障了伤员的健康。鄂豫皖根据地也创办了几十所红军医院和地方医院，包括中医院和卫生所，并且还开展了群众性的卫生防疫运动。

随着红军医院医疗卫生事业的发展，医院规模和覆盖范围进一步扩大，这在一定程度上也促进了农村公共卫生工作的开展。比如闽浙赣革命根据地就多次动员开展当地的卫生运动，并建立了一套经常性的卫生工作制度，他们每年都开展群众性的灭蚊、蝇、鼠运动，进行种牛痘和防疫注射，村子和红军单位之间开展卫生评比竞赛、卫生突击周，还经常举办各种形式的卫生训练班等。1929年建立了红军调养所，1930年建立了有近百名医务人员的红军医院，其中厦门医科大学毕业的何秀夫担任红军医院的首任院长，还建立了工农药店等医药部门。攻克景德镇后，方志敏还动员毕业于日本医科大学的当地著名医生邹思孟参加了红军，任总医院院长。此外，还在各地设立了4个分院。闽北分区也有可容纳数百名病员的红军医院。为提高医务人员的医疗水平，总医院设立附属卫生学校，为红军和根据地培养了一批医务骨干。

红一方面军创办的红军总医院是中央苏区最著名的红军医院。1930年10月，在毛泽东的亲自动员下，吉安城著名医师戴济民夫妇为红军伤员进行医治，并组建了吉安红色医院。随后又成立了红军总医院，由戴济民担任总院院长，下设4个分院。1932年，它成为红军军医学校的附属医院，后来又更名为中国工农红军卫生学校。1933年3月，该医院与迁到瑞金的福建福音医院合并，成为当时中央苏区技术水平较高的一所综合性医院，医院设有手术室、诊察室、化验室、放射室、药房等机构。

川陕革命根据地也组建了红军医院。1932年12月，红四方面军建立红四方面军总医院，下辖7个分院和5个军、师所属医院，包括政治部、医务部和总务处。其中医务部由西医、中医、护士学校、看护营等机构组成。全院

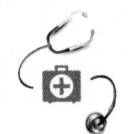

共有189名医务人员，包括：12名西医、32名中医、85名护理员等，还有4个连卫生队，规模也不小，平均每日收治伤员约3 000人。

还有湘鄂西根据地的红军医院。1930年7月，红二军团成立了野战医院和后方医院。1931年，在邓家墩成立了总医院，医院包括诊所、手术室、急救室、消毒室、药房以及图书室、医护讲习堂、职工宿舍等。该医院不仅规模较大，而且技术水平比较高，能够进行外科手术医治，如进行截肢、取体中异物、去腐骨、缝合血管等难度较大的手术。

为了更好地发展红军卫生事业，根据地政府还发布了一些卫生法规、条例等，以保障医疗、卫生防疫等工作的顺利开展。1932年，总军医处颁布了《卫生法规》。同年9月，红一方面军召开了第三次卫生会议，颁布了《关于卫生工作的决议案》，其中对卫生防疫、卫生宣传等工作进行了明确的规定。1933年，又颁布了《师以上卫生勤务纲要》《暂行传染病预防条例》以及《对于病员入院手续的通令》等文件。❶ 为了更好地开展卫生宣传工作，还创办了《健康报》《红色卫生》等红军卫生刊物，❷ 向红军战士和当地百姓介绍医疗卫生知识，保障他们的健康。

可以说，红军医疗卫生机构的建立和发展，不仅保障了军队的战斗力，对苏区卫生防疫工作的开展也起到了重要的保障作用。初步形成了红军的医疗卫生思想，如"一切为了伤病员""预防第一""中西医并用"等，这些医疗卫生思想对新中国建立后我国医疗卫生工作的开展有着重要的指导意义。

二、培训卫生人员、开展卫生宣传

农村根据地的医疗卫生人员比较缺乏，中国共产党在开展卫生工作时尤为注重对卫生人员的培养。1939年1月，军区卫生部在山西五台县的河北村组建医务训练班，共招收82名学员，其中有30名护士、15名药剂员以及37名军医学员，对他们进行了专门的业务培训。陕甘宁根据地边区政府也注重对医务人员的培训，其中全边区共有医院11所，西医发展了200余人。❸ 在

---

❶ 高恩显：《中国工农红军卫生工作历史简编》，人民军医出版社1987年版，第23—51页。
❷ 李媛：《中央苏区医疗卫生队伍建设途径探析》，《党史文苑》，2011年第4期。
❸ 李建国著：《陕甘宁革命根据地史》，甘肃人民出版社2009年版。

《抗战日报》上有这样的报道:"晋绥二分区注重培养区级卫生干部,专门抽调各县的部分高小学生干部进行 8 个月的培训学习,培训课程注重实用,每日下午由看护带领参观治疗,边讲边做。刚开始学习时有部分人不相信有细菌,现在大家已了解了一般的卫生常识,决心将来回去要教育群众,破除迷信。"❶ 经过专业的培训,提高了医务人员的技术水平,加强了红军医疗队伍的建设。

白求恩到边区后,他运用西方医学的先进管理经验编制了一些医疗卫生教材,如《消毒十三步》《防空袭条例》等。这些医学知识对当时比较落后的根据地卫生工作有极大的帮助,通过学习提高了根据地医务人员的技术水平。此外,还在松岩口建立了模范医院,经常组织各军分区卫生部门的医务人员去观摩、实习以及培训等。在聂荣臻的建议以及白求恩的规划下,边区又成立了白求恩卫生学校,每年有计划地培训医务工作人员。到抗战结束时,白求恩卫生学校培养的军医将近 400 人,护理人员有 200 多人。他们为根据地的医疗卫生事业做出了不可磨灭的贡献。

加强宣传卫生知识,改变不良陋习和封建迷信。旧中国农民长期缺乏基本的卫生知识,一些不卫生以及愚昧、迷信的习惯由来已久,导致疾病一旦发生却因缺乏治疗而致死。因此,中国共产党非常注重对根据地农民进行卫生知识的宣传和教育,使他们能够与愚昧、迷信做斗争,改变不良的卫生习惯,提高健康水平。如《抗战日报》的报道:"在晋绥根据地,有一户农民全家六口人有五口得了流行性感冒,行署卫生科的张和轩医生去诊治,发现患者把窗门紧闭,空气不能流通,吃过的碗筷,家里人随便乱用,弄得全家都生了病。张医生一边诊疗,一边宣讲卫生常识,后来全家都被医治好了,并且对卫生也注意起来。"❷ 许多医务人员大力推广医学知识,揭穿封建迷信思想。据《解放日报》报道:"民政厅第二防疫队到青化区调查农村疾病,有一个农民患耳炎,家人请了一个巫婆给他治疗,花了几百元,病反越更沉重了。后经防疫队的医生给他开了刀,打了针,不久就治好了。这件事情使当地的

---

❶ 《陕甘宁三边分区中西医亲密合作》,《抗战日报》,1944 年 10 月 31 日。
❷ 《二专署训练地方卫生干部》,《抗战日报》,1945 年 2 月 9 日。

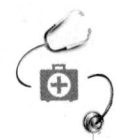

百姓不再相信巫医巫术了,一有病就去找医疗队给治疗。"❶

三、重视中西医结合

中医是中华民族的国粹。新中国成立前,我国医疗卫生事业主要是以中医为主要力量,特别是在广大农村基本上就没有西医,中医较为普遍,在华北抗日根据地和陕甘宁边区,西医也是极少有。长期以来我国民众大多相信中医,这种观念造成了中西医之间存在相互轻视的现象。为了打破两者的隔阂,使之能够取长补短,加强合作,根据地政府提倡发展中西医合作,以促进医疗卫生事业的发展。其中,在边区文教卫生工作大会上,毛泽东就大力号召加强中西医团结合作。

1945年3月,陕甘宁边区政府组织成立了中西医药研究会。研究会的宗旨是团结边区中西医,实行中西医合作,协助政府开展卫生调查研究,帮助卫生机构解决有关人畜的卫生医药问题等。该研究会成立后就经常组织中西医开展座谈会,鼓励他们进行业务交流,促进中西医业务方面的合作。许多医生还把就诊时的记录、病案及处方等拿出来,互相参考交流经验。如著名中医苗植菴先生将其多年的治疗经验写成书册,与大家分享。一些经验丰富的老医生还主动带徒弟并指导普通医生。一些中医也积极学习西医,如学会使用体温表。研究会还定期组织中西医合作、中西医会诊等形式的医疗下乡活动,深入乡村为广大农民送医送药,保障健康,获得农民的一致好评。

大力发展中药事业。1938年,陕甘宁边区在安塞成立了第一家保健药社。保健药社成立后大力发展地方医药事业,并受各卫生机关及制药厂委托推销中西药品器材,采集中西药原料,尤其提倡采集土产药材,解决民生困难等。保健药社很重视中药开发和利用,其主要工作是改良中药、中药科学化、中药西药化、中药代替西药,以及解决药品困难等问题。可以说,在中国共产党领导下,中医中药在根据地得到一定的发展,特别是中西医的交流合作,不仅较好地利用了根据地的中医及中药为百姓服务,同时也吸收了西医的特点,提高了疾病的治疗效果。

总之,新中国成立前中国共产党领导的卫生事业主要集中于发展农村地

---

❶ 《防疫第二队替民众治病》,《解放日报》,1942年10月13日。

第一章　农村合作医疗制度的起源

区的医疗卫生工作。这些工作主要特点如下，一是在一定程度上改善了根据地农村落后的医疗卫生状况。通过大力组建医院、进行卫生人员的培训、开展卫生知识宣传经验以及加强中西医合作等，建立了医疗卫生机构，加强了农民的卫生健康观念，改变了农村长期落后的医疗卫生状况。据统计，仅陕甘宁根据地就建立了近400家药铺，保健药社也有26个。在晋察冀边区，也大力发展地方医药卫生事业，其中阜平县的新华药房不仅加强了自身的发展，还注重支持其他药铺发展，在他们的帮助下，"在全县范围扶植成立了31家小型的私人药铺，都是按原价贷药给他们，共贷出五万六千余元的药品"。❶

二是为根据地广大军民提供了基本的医药保障，促进抗战的胜利。在战争年代，为了减轻广大群众的疾病痛苦，中国共产党经常派出各种形式的医疗队，为老百姓看病送药，开展卫生知识宣传及进行疾病预防等。在部队各级卫生部门的帮助下，各根据地都积极建立了卫生机构，"同时部队医院也担负地方群众医伤治病的工作，部队每到一地，都要走访群众，遇到病人就积极诊治，部队转移时，还去复诊送药。在战斗中群众遇难受伤，更是积极进行抢救，受到群众的热诚爱戴。"❷ 在进行医治之外，各医疗卫生机构还大力开展卫生防疫工作，如晋察冀边区的灵寿军用代销合作社就积极开展施种牛痘，它们"为了防止瘟疫之传染，实行儿童保健，今春特施种牛痘，该社已派专人到各区施种，现五、六两区已经施种完毕，正在三区施种中"。❸ 还有，在1941年的反"扫荡"之后，"龙华县的药铺受到极大的损失，有病没人治，药品也严重缺失。在这种情况下，县政府组织成立了医药研究会，聘请医生，下乡治病，为农民开展医疗服务。两年以来，治好了上万名病人，医疗所需资金也从4 000元扩大到10万元，并且又扩大了4个分所，业务遍及全县，数万群众都免去了疾病的威胁，得到了有医生有药治疗的福利"。❹

在中国共产党的带领下，大力开展根据地的医疗卫生工作，减少了各种

---

❶《阜平新华药房一年间医治一万四千余人，扶植卅家私人药铺》，《晋察冀日报》，1944年8月18日。

❷ 中国人民解放军历史资料丛书编审委员会：《八路军·回忆史料（2）》，解放军出版社1989年版。

❸《灵寿军用合作社施种牛痘》，《晋察冀日报》，1941年5月11日。

❹《为群众的战争生产服务，龙华医疗工作大开展，两年治好病人一万多》，《晋察冀日报》，1944年7月27日。

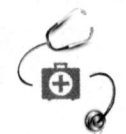

疾病的发生，提高了军民的健康水平，保护了根据地的人力物力，为战争胜利提供了一份保障。

第三节　中国共产党领导实施农村合作医疗制度的雏形

陕甘宁边区是中国共产党领导的革命根据地之一。中国共产党到达延安后，对延安进行了多方面的社会改革，不仅把延安建成了全国各根据地的典型"模范区"，而且成为新民主主义革命建设中党的各项纲领以及政策的"试验区"。其中在医疗卫生方面，也进行了一定的改革。为解决边区人民长期以来缺医少药的疾苦，边区政府大力发展地方医药卫生事业，开展了一些卫生实验活动，取得了一定的成绩。特别是组织创建了保健药社与卫生合作社，这是我国合作医疗制度的雏形。

一、陕甘宁边区的医疗卫生状况

陕甘宁边区位于黄土高原中北部，地域主要包括陕西北部、甘肃东部以及宁夏的东南部。这里的自然条件较为恶劣，各种灾害也时常发生，有"十年九灾"之说。由于长期遭受战争的困扰，当地的经济、文化发展十分落后，民众生活困苦不堪，再加上长期缺医少药，各种传染疾病肆虐，一旦患病死亡率普遍较高，生命健康得不到基本的保障。

长期缺医少药，卫生设施落后。20世纪30年代初，陕甘宁边区的医疗卫生状况是非常落后的。以庆阳为例，"全县仅有1所公立医院，其中仅有11名医务人员，10张病床，医疗器械也极为简陋。私立的药铺多分布在城镇，以售药为主，缺少医生，只有个别的药铺有坐堂医生。"❶ 至于一些较为偏远的地方，连药铺也没有，大多靠走巷串户的游医。由于缺医少药，贫苦人家身染疾病也看不起医生，只能求神问卦、设坛招魂或听天由命。据统计，盐池县没有任何的公私医院设施，更无西药，一旦患病只能依靠中草药来解决，

---

❶ 庆阳县志编纂委员会编：《庆阳县志》，甘肃人民出版社1993年版，第428页。

第一章 农村合作医疗制度的起源

"医药之道,多来于往来政商,有善医懂药之士,为民济救,或巫婆神汉。欺世渔利,草菅人命,殊为可叹。"❶ 在中国共产党到延安之时,也只有六七家中医药铺和少数坐堂医生,整个边区的医生也不多,且多为中医,西医则很少。

流行病和传染病大肆蔓延。在旧中国,天花、痢疾、伤寒、红疹等传染病十分流行,由于农村的医疗条件较差,一旦发生,死亡率是极高的,特别是鼠疫、霍乱等传染病,基本上没有医治好的,农民的健康得不到基本保障。据统计,在边区 150 万人口中,每年死亡的成人和婴儿就有近 9 万人之多,占总人口的千分之六十。以当时的延安为例,因传染病致死的平均每年有 500 多人,占当地死亡人数的 47%,平均死亡年龄仅 10 岁。

卫生意识淡薄,缺乏卫生知识。地理位置的原因致使陕甘宁地区常年缺水,民众的卫生习惯也很差,许多人几乎常年不洗澡。"延安是个滴水贵如油的地方。由此,延安的老百姓几乎成了全中国最脏的人民。简直不可思议的事实是,他们一辈子只洗两次澡,一次在出生时,一次在结婚时。"❷ 当地人几乎没有任何卫生知识和卫生习惯,所住的窑洞不仅是住房也是厨房,全家男女老幼均挤在一起,人畜同居现象也严重。在张闻天的调查中也详细地描述了这些:"有牲畜的农家,窑洞的对面或侧面有牛棚、羊圈、猪圈,还有粪土堆,还有毛厕,清洁卫生是讲不上的。"❸

为了配合抗战的需要,中国共产党注重边区的医疗卫生工作开展,大力发展边区卫生事业。1937 年 11 月,边区成立卫生委员会,以加强当地卫生工作的开展。1938 年,在民政厅又成立了卫生科,专门负责卫生行政工作。1939 年 7 月,边区政府颁布了《陕甘宁边区卫生行政系统大纲》,规定了各级政府及机关单位的卫生行政体系,在此指导下,边区各级卫生行政体系依大纲发展。同年 11 月,边区政府又发出了《关于开展卫生保健工作的决议》,要求在边区进行普遍的清洁卫生教育,培养人民讲卫生的习惯。并号召研究中药,开办中医培训,增设卫生所,建立制药厂,设立医药合作社以发展医

---

❶ 宁夏回族自治区盐池县委员会文史资料委员会编:《盐池文史资料(第 4 辑)》,中国文史出版社 1988 年版,第 44 页。
❷ [美]尼姆·韦尔斯著,马庆军、万高潮译:《红色中国内幕》,华文出版社 1991 年版,第 77 页。
❸ 张闻天:《神府县兴县农村调查》,人民出版社 1986 年版,第 74 页。

疗卫生工作。

1940年3月，民政厅专门设立卫生处，负责边区卫生行政及医疗预防工作。1942年3月，还成立了陕甘宁边区保健委员会，主要负责"各厅、处、院各级政府行政干部保健事宜"❶。1942年6月，又成立了陕甘宁边区防疫委员会，包括总务股、医务治疗股、防疫统计股、宣传教育股、环境卫生股等部门，专门负责管理全边区卫生防疫工作的开展。1945年2月，成立边区卫生署，负责保障150万边区人民的健康。1946年5月，延安市又成立了卫生管理委员会，负责市区环境管理。在边区政府领导下，形成了边区、县、区、乡、行政村、自然村的卫生管理系统。

发展医疗卫生机构，创建一批医院，组建了卫生所，给群众治病送药。边区政府创办的医院主要有陕甘宁边区医院、中央医院以及八路军军医院（白求恩国际和平医院），其中创办较早且规模较大的是陕甘宁边区医院。1939年成立了延安中央医院，主要负责加强中央机关及学校的医疗保健工作。白求恩国际和平医院的前身是八路军军医院，是八路军总后勤部卫生部领导的一个直属医院，为救治大批伤员做出了很大的贡献。为方便民众及机关工作人员就医，边区还开设了一批卫生所。据统计，"中央总卫生处及边区卫生处所属卫生机关49处，医务人员432人。"❷

边区医疗机构的创设，为边区民众疾病的治疗提供了有力保障，促进了边区公共卫生事业的发展。同时为抗日战争和解放战争提供了医疗服务，也为新中国成立后我国医疗机构的发展奠定了一定的基础。需要指出的是，边区政府的卫生机构主要包括中央卫生处领导的中共中央系统、军委总卫生部领导的中央军委系统以及边区政府民政厅下卫生处领导的边区系统。前两个卫生系统主要是保障党政机关工作人员和部队的医疗卫生需求，第三个则是解决广大群众医疗救治的需求，通过组建保健药社和卫生合作社，发展农村医疗卫生事业，它们成为我国农村合作医疗制度的雏形。

二、陕甘宁边区的保健药社

1938年，为改善边区农村地区的医疗卫生状况，在边区党和政府的倡导

---

❶ 卢希谦、李忠全主编：《陕甘宁边区医药卫生史稿》，陕西人民出版社1994年版，第85页。
❷ 张铁夫：《医务界的创作——记延安市卫生展览会》，《解放日报》，1944年7月23日。

下，边区决定成立保健药社，以缓解农民看病就医困难。1939年7月，在安塞县冯家塄成立了保健药社，由李常春任主任。保健药社的规模不大，有1名主任，2名医生和3名司药及3名杂务人员，主要业务则是针对边区干部的医疗保健为主，药品也是匮乏的，以中药为主。1939年8月，保健药社制定了《保健药社暂行条例》和《保健药社章程》，依此开展业务。

1939年12月，保健药社改名为卫生材料厂，专制各种丸散膏丹，以供给各边区医院药品不足的现状。1940年设立总社，1941年边区卫生处在绥德、陇东、三边等地建立保健药社。1944年，保健药社进行改革，转为民办公助，随后业务得到一定的发展。经过5年的发展，保健药社的规模和资金有了较大的提高，其中股资就达到3 000万元，团体股金占30%，群众个人股金占70%。此外，保健药社内还设立了门诊部，由医生轮流坐班看病，仅在1944年治疗的病人就有6 000人，许多群众还主动入股发展保健药社。

保健药社经常组织医生下乡开展巡回医疗，为广大农民群众送医送药，防病治病，赢得边区群众的信任。因此，边区许多地方都积极建立保健药社，极大地推动了边区医药卫生事业的发展。据统计，在抗日战争时期，仅总社治疗的病人就有2万余名，较好解决了患者的疾病之苦，有力支援了抗战。抗战胜利后，总社进行整顿，主要开展以医药为主的业务，药物的推销也逐渐面向基层农村，药社还多次派人下乡到富县、甘泉、清涧、延川、子长、安塞等地，与各地药铺建立业务。其中，延安市的魁盛祥药铺参加药社后，药材保管、炮制、配剂等得到改进，药物质量得到提高。

保健药社扎根于群众之中，对于地处偏僻山区的陕甘宁边区，在当时缺医少药的农村，这样的医药组织形式能够充分发挥其积极作用，为防治传染病，解除群众疾苦做出很大贡献。1955年12月该社与延安地区人民医院合并。

三、陕甘宁边区的卫生合作社

合作社是陕甘宁边区一种重要的经济组织形式，以"民办公助"为发展方针，它遍及边区社会经济生活的各个领域。合作社在组织边区群众积极从事生产、发展边区经济方面发挥了重要作用。

中央红军到达陕北后，积极倡导发展合作社，还颁布《发展合作社大纲》

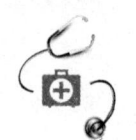

以促进其发展。毛泽东在《论合作社》一文中也指出合作社就是为群众服务,就是处处要想到群众,为群众打算,把群众放在第一位。

1944年春,延安地区伤寒和回归热病流行,许多农民患病,由于路远去医院看病也不方便,一些游走农村的巫医巫神又伺机开始活动,不仅不能医治好农民的疾病,还使迷信的思想弥漫。广大群众对此很不满意,普遍要求建立小型医疗机构来保障他们的健康。经过筹备,1944年5月25日成立了延安市第一个卫生合作社,即大众卫生合作社。

卫生合作社采取"中西合作,人兽并治"的方针,社内设有中西医门诊、中西药房及兽医门诊。合作社没有办公时间的限制,患者随到随看,并且看病免费,只收比较低廉的药价。为了能够更好地为广大农民服务,卫生合作社还发动群众搜集民间验方加以研究,用来进行疾病的防治。由于合作社实施为群众服务的基本方针,受到了边区人民的热烈拥护,在业务上有较大的发展。到1945年8月,入股的股金就有15.9万元。在治疗方面,有1 813人次的西医门诊(男1 000人次,女407人次,小孩406人次),有1798人次的中医门诊(男988人次,女340人次,小孩470人次),中西医共出诊195人。为了更好地发展卫生合作社,还制定了合作社的章程,规定合作社的主要宗旨是为社会服务,方便群众治疗,教育群众注意防疫、保健,消除传染疾病等。

为了适应抗日战争的需要,改善边区的医疗卫生水平,卫生合作社响应党中央和边区政府的号召,于1944年9月开办卫生夜校,招收女性开办助产培训班,还办了黑板报,主要宣传如何讲究卫生及预防疾病。

第二章
农村合作医疗制度的兴起

第二章 农村合作医疗制度的兴起

第一节 新中国成立初期的农村医疗卫生

新中国成立初期,农村的医疗卫生状况是比较糟糕的。由于旧中国长期受到鸦片烟毒、战争混乱以及多种自然灾害的影响,整个国家处于疫病泛滥、缺医少药的现状,谈不上所谓的医疗卫生保障。特别是广大农村地区医疗卫生条件和设施都很差,传染疾病流行,居住环境恶劣,缺乏基本的卫生习惯,巫医盛行,迷信等思想泛滥,生命健康没有基本的保障。

一、民众健康状况

旧中国民众的健康状况甚差,特别是在农村地区,天花、霍乱、白喉、疟疾等传染病严重流行,许多地方出现了人口急剧下降、田园荒芜的凄惨景象。可以说,民众的健康主要表现为以下几个方面。

其一是寿命较短。20世纪前半期,我国乡村医疗社会整体落后,连年战乱使日常的生活物资匮乏,整个国家长期处于疫病泛滥、缺医少药的状态。再加上人们缺乏卫生意识和知识,卫生环境也不好,使当时我国人均寿命普遍较短。据相关统计,1901年到1910年,我国人口的人均预期寿命仅有30岁,农村地区则低于这个数值。寿命较短的主要原因是长期缺医少药,患者得不到及时有效的治疗,许多人一旦患病只能等待死亡。

民众的预期寿命很短,医疗卫生水平低下,恶劣的生存环境导致他们的高死亡率和寿命短现象。从死亡的年龄看,0~5岁的婴幼儿死亡率最高,据1937年至1945年的统计,0~5岁的婴幼儿死亡人数占总死亡人数的34.4%,其中,未满一岁的婴儿死亡人数占总死亡人数的13.9%。❶ 这些数据表明了在

---

❶ 北平市政府统计室:《北平市政统计》(户口与生命统计专辑),1946年。

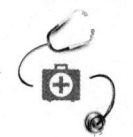

20世纪前半期，我国人口死亡率较高，其中20岁以前死去的人占总死亡人数近一半。

其二是各种传染疾病肆虐。新中国成立之前，我国许多地方疫病横行，其中急性传染病、虫媒传染病和其他传染病是人民健康的主要威胁。以鼠疫为例，不仅流行范围广泛，病死率也很高。1900年至新中国成立之初，鼠疫的流行就达到高峰，共有20个省（区）的501个市、县（旗）发生鼠疫，发病人数年均达1万~4万人，累计多达1 155 884人，死亡1 028 808人。❶ 天花也很猖獗，是一种烈性传染病。在1933年至1944年，我国就有近38万天花病患者，每年有数万人因此病死。在许多地方流传着"生儿只算生一半，出了天花才算全"的说法，可见天花对民众的危害有多可怕。❷

霍乱也是危害较大的传染疾病。1932年，全国普遍流行霍乱，期间有近10万人染上此病，蔓延至20个省、302个大中城市，死亡3万余人。❸ 据浙江鄞县的史料记载：1946年当地流行霍乱，有4 000余人发病，死亡的人数过半。还有记载西乡梁山伯庙会，"有百余香客同时发病，老人、孩童、孕妇得病者无不死亡。一时棺木供不应求，甚有2尸合盛一棺。"❹ 血吸虫病也是广为流行的传染病，有近一亿的人口受到危害。疟疾在我国南部各省以及少数民族等偏远山区广泛分布。如1919年云南思茅地区就暴发疟疾，近45 000人的县城由于疾病死亡或逃离就只剩下1 000余人。❺

在战争年代，传染疾病的流行更是严重，造成了许多人死亡。如上海自1930年起，就有12种传染病发病、死亡的统计记载。到20世纪40年代初期，频繁的战事使疫病更加严重，出现了霍乱、天花、白喉、伤寒、猩红热、疟疾、痢疾等疫病。其中1941年发病人数为10 635人，发病率为709.0/10万，死亡人数为3 555人，死亡率为237.0/10万，病死率为33.4%。1943年和1945年发病人数虽然有所降低，但病死率却极高，分别为59.5%

---

❶ 钱信忠：《中国卫生事业发展与决策》，中国医药科技出版社1992年版，第1页。
❷ 黄永昌：《中国卫生国情》（第一版），上海医科大学出版社1994年版，第19页。
❸ 郑金火：《人人享有健康：中国医疗卫生问题》，中国国际广播出版社2001年版，第6页。
❹ 浙江省鄞县地方志编委会主编：《鄞县志》，中华书局1996年版，第1711页。
❺ 肖爱树：《农村医疗卫生事业的发展》，江苏大学出版社2010年版，第16页。

第二章 农村合作医疗制度的兴起

和 57.3%。❶

尽管在民国时期,新的疾病预防与卫生保健体制也逐渐开始建立,在一些大中城市也出现预防接种、公共卫生教育等卫生事项的开展。然而,这些尝试因为时局动荡、社会混乱以及经济落后等,政府也不能好好地致力于开展医疗卫生事业,偏远的农村更是无人问津,医疗卫生状况很是糟糕,长期缺医少药。

新中国成立初期,一些传染疾病广为流传,主要有结核病、鼠疫、天花、血吸虫病、麻疹、痢疾、流行性乙型脑炎、百日咳、白喉、伤寒。其中天花在急性传染病中被列为甲级传染病,其特点是传播速度快、病死率高,全国各地几乎都有。流行的寄生虫病主要是血吸虫病、疟疾等,主要分布在长江、汉江两岸和一些工业城市,其中最为可怕的是血吸虫病,据统计,我国约有1 000多万人患此病,"其中40%的人有临床症状及不同程度的劳动力损失,3.15%的人是晚期病人则完全丧失了劳动能力"❷,可见血吸虫病的危害性很大。

许多地方都有不同程度的疫情,如1950年2月,湖北枣阳一带脑脊髓膜炎、天花、麻疹等各种流行病蔓延400余公里,死亡人数约有400人。同年8月,晋城南沟村等发现麻疹、痢疾等恶性传染病,大量农民患病并死亡。福州的麻疹、血吸虫病也较严重,1950年,福州有2 182例麻疹,1951年、1953年又再度暴发,发病率分别为4379.96/10万和4275.96/10万。❸

上述传染疾病的发病状况主要有以下特点:一是发病率高。以结核病为例,新中国成立初期的发病率为1 000~1 500/10万,其中北京和上海15岁组的发病率分别为86.0%和82.9%。❹ 二是疫病传播广。由于缺乏有效的控制,许多疫病发生后在极短的时间就广泛传播,如鼠疫、天花等就是传播性较强的疫病。三是死亡率高。新中国成立初期有7种疫病有较高的死亡率,分别是麻疹、痢疾、流行性乙型脑炎、流行性脑脊髓膜炎、百日咳、白喉、伤寒,

---

❶ 上海通志编组委员会:《上海通志》,上海社会科学院出版社2005年版,第5070页。
❷ 陈海峰:《中国卫生保健史》,上海科学技术出版社1993年版,第16页。
❸ 福州市地方志编撰委员会编:《福州市志(第七册)》,地方志出版社1999版,第675页。
❹ 中华结核和呼吸病杂志编辑委员会:《中华结核和呼吸病杂志》,中华医学会结核病科学出版社1979年版,第136页。

其死亡率分别是 66.71%、10.98%、9.86%、5.58%、4.59%、1.60% 和 0.78%。❶ 以麻疹为例，它不仅传染性极强而且病死率也高，通常每隔一二年就会出现，并且对儿童的威胁也很大，给民众带来极大的危害。如河北省在新中国成立初期就有 130 多万人感染疫病，其中感染麻疹的人数就有 62 万人之多。❷

这些传染病广泛流行的主要原因有：一是长期以来我国人民缺乏科学的卫生习惯和卫生知识，特别是在农村，卫生环境较差，卫生习惯也几乎没有。而农村又盛行迷信，许多人认为疫病是鬼怪附身，不去及时治疗而越发严重，再加上疫情缺乏有效控制，使死亡率上升。二是常年的社会动乱和战争造成了生态环境的极大破坏，一些自然灾害及战争，使得各种疫病暴发，缺乏有效的隔离和治疗，使疫病流行百姓受害。三是缺乏有效的疫情防控。许多疫病在暴发初期由于没有药物及时治疗，也没有先进仪器诊断，造成误诊、错诊等现象，使得疫病更为严重。

其三是妇婴死亡率高。婴儿出生死亡率反映了一个国家民众健康的水平。据一项对上海高桥乡的医疗调查：1932 年 10 月，对该村卫生模范区 862 户中的婴儿进行了调查，其死亡率竟高达 199.4‰。❸ 20 世纪 30 年代，对我国城市和农村产妇和婴儿的死亡率也进行了调查，其中城市产妇的平均死亡率为 15‰，婴儿的死亡率平均为 130‰，而农村婴儿的平均死亡率为 170‰。❹

旧中国，妇女和儿童的健康得不到有效保障。新中国成立前，农村许多地区根本就没有妇幼保健机构。农民长期缺乏科学的卫生知识，旧习俗又根深蒂固，许多妇女怀孕后就不许检查也没条件检查，分娩时基本上是自生自接，有条件的则是请接生婆用旧法接生。生孩子时剪脐带用的工具也多是没有经消毒的刀、碎碗片，甚至是涂上锅烟的竹片等。这些习惯极不卫生科学，使得新生儿容易感染破伤风，产妇易患产褥热等，严重影响了妇女和婴儿的健康，造成许多母婴死亡，如新生儿死于破伤风的现象很多。

---

❶ 余新忠：《清代江南的瘟疫和社会》，人民大学出版社 2003 年版，第 22 页。
❷ 河北省卫生防疫站：《卫生防疫参考资料》（第 10 号：中医中药防治传染病专号），保定：河北卫生防疫站印刷，1958 年 12 月内部发行，第 15 页。
❸ 上海通志编组委员会：《上海通志》，上海社会科学院出版社 2005 年版，第 4996 页。
❹ 黄永昌主编：《中国卫生国情》，上海医科大学出版社 1994 年版，第 19—20 页。

二、农村医疗卫生现状

在旧中国的广大农村地区，普遍缺乏基本的现代医疗卫生保障，主要体现为医疗卫生条件和设施很差，传染疾病流行，长期缺医少药，并且农民的居住环境恶劣，缺乏基本的卫生习惯和知识，迷信等思想泛滥，巫医盛行，生命健康没有保障。

其一是居住环境恶劣，卫生观念淡薄。旧中国，广大农村地区的经济文化比较落后，农民居住环境很简单也不卫生，大多数厨房和卧室在一个空间，还有许多地方是人畜同居，猪圈、厕所与厨房紧挨着的现象很普遍。如在广西的雨玉村，新中国成立前村里没有一个厕所，居民随意在山上或村旁大小便。饮水主要依赖山上自然的流泉，而泉旁经常有人洗衣和洗菜，周围还有不少染布的靛桶。人和牲畜同住，猪屎牛粪更是遍地皆是。人们生了病，只有求鬼神，等待死亡。❶ 像在北方的顺义县和霸县等地就是如此，"住房多与猪圈、厕所等毗邻，光线、通风都不好，村里的厕所与水井距离近，清理不及时厕所内的小便就会流出，不利于道路通行又影响环境卫生"。❷ 有一些地方还把患病死掉的婴儿随便扔在山坡或路旁，甚至还有把死人糊墙内或道旁边，这些行为很不卫生，容易引发疾病。

在农村人们没有什么卫生观念，日常穿的衣服很少换洗，尤其在冬天，通常都是穿一个冬季的，导致许多人身上长虱子。洗澡则被认为是一件奢侈的事情，甚至一些妇女受愚昧思想的影响觉得擦洗下体是羞耻的事情，会导致疾病。李景汉在定县进行社会调查时就发现当地农民的卫生观念淡薄，缺乏日常的卫生习惯，"在夏天，农民的内衣一般情况下是三四天一换洗，春秋两季的时候，多数是 20 天左右一换洗，到了冬天，多数人是一月一次换洗，冬天贴身穿的内衣裤也很少换洗，没有虱子的现象是很少的"。❸

由于长期缺乏卫生意识和知识，不良的生活习惯导致一些疫病时常发生。在《新华日报》的短评中这样描述疫病流行的原因，"固然由于历年来敌人的

---

❶ 《鼓舞人心的全国爱国卫生运动展览会》，《人民日报》1952 年 12 月 28 日。
❷ 丁世良、赵放：《中国地方志民俗资料汇编》（华北卷），书目文献出版社 1989 年版，第 24、287、344 页。
❸ 李景汉：《定县社会概况调查》，世纪出版集团上海人民出版社 2005 年版，第 261、263 页。

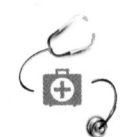

迫害，人们的抵抗力减弱，群众生活习惯不卫生，如衬衣很久不洗，乱吃生冷食物，茅房满街，虱子、跳蚤、蚊子、苍蝇任他繁殖，不加扑灭，好人与病人不愿隔离，小病认为不要紧，病重了也不赶快医治，个别人还请巫神祈祷，以致疾病蔓延，为害甚大"。❶

其二是医疗卫生机构稀少，卫生设施落后，长期缺医少药。旧中国城市和农村的医疗卫生设施差距很大，现代的医院主要集中在繁华的城市，广大农村几乎没有医疗卫生机构和设施，卫生人员严重匮乏。据美国医生葛叶馥在中国的观察，发现中国的医疗机构主要是"在蒋区有钱的病人才能就医，没钱的病人医生眼看着他病死"，并且"国民党政府举办的医科学校，毕业的医生大都在大城市里赚钱，而不到乡村里治病"。❷

即使在新中国成立初期，国家的医疗卫生资源也是极为有限的。当时全国的中西医药卫生专业的技术人员有505 040人，卫生人员在人口中的密度是每千人口中仅有0.92个医生；高等医药院校毕业的高级卫生技术人员也只有38 875人，每千人口仅有高级卫生技术人员0.07人；全国医院共有2 600所，共有80 000张病床，每千人口有0.15张病床。而在广大农村，医疗卫生资源更是极度缺乏，据统计，当时我国农村人口占全国人口的85%以上，而病床只有20 133张，不到全国总数的1/4，县医院有1 437所，医疗设备不仅少并且条件相当简陋，每所医院平均只有10多张病床，村、镇的卫生医疗机构更是屈指可数。❸

在农村，不仅缺少专业的现代医生，就是药铺以及接生婆的数量也都远远不能满足广大农民缺医少药之需。并且在农村中，那些常见的巫婆神汉和江湖郎中对医药知识几乎一无所知，他们经常利用民众的迷信心理骗取村民的钱财。农村的各种传染病、地方病也很多，由于缺医少药，致使各种疫病横行，特别是在季节变化或者时疫流行时，流感、痢疾、沙眼等疾病比较普遍。

其三是疾病流行，人畜死亡率极高。新中国成立前，我国农村普遍流行

---

❶ 《赶快防瘟疫》，《新华日报》（太岳版），1945年5月11日。
❷ 《公益服务会医疗队到延安作医务工作》，《人民日报》，1946年12月21日。
❸ 北京中医学院主编：《中国医学史》，上海科学技术出版社1978年版，第62页。

多种疫病。主要原因是经济的落后,卫生条件的恶劣,群众旧的陋习,以及敌人的扫荡和战争的破坏。日本侵略者还在我国进行细菌战,释放鼠疫、伤寒等病菌也造成广大地区疫病流行,严重危害民众的生命健康。据晋绥根据地《抗战日报》的报道:"今春敌扫荡时,曾在屯兰川放了大批伤寒毒菌。入秋后病菌滋发,伤寒病蔓延各村。仅营立一个不满百户的村子,不到一个月便死了五十余人。1949年的察哈尔省,疫病也极为流行,其中"易水地区的疫情较严峻,满、唐、光、望等部分村十分严重,得病多是幼童出麻疹,症后又痢疾"。瘟疫也是多发疫病,在良乡、涞涿等县的疫病流行严重,"其中良乡五区有11个村得疫症者达269人,21人死去"。❶ 怀安西城堡、陡坡等区也传染得很快。"现西城堡区已病死11人,柴庄堡区东沙众一村病死9人,陡坡石坡底村病死3人。"❷

1949年12月初,黑龙江省人民政府卫生处派专人到讷河县的庆丰屯对该村的环境卫生、出生死亡、疾病、健康、习惯、医疗等各项情况进行了详细调查,发现该屯主要情况:1. 环境卫生不好:粪便垃圾,遍地尽是,没有厕所,井不设盖,马圈鸡窝并设窗前,房子不敷住用,尘埃满墙;2. 小儿死亡率高:八十二名已婚妇女,共生小孩子四百六十六人,死亡二百六十六人,死亡率达百分之五十七,其中因产后破伤风死的一百三十八人,占全死亡数百分之五十二,得麻疹死的四十三人,肠炎死的五十三人,不明病情死的二十二人;3. 妇女病多:八十二名妇女中,患月经不调的十五人,腰腿痛的十七人,软骨症不能走路的二人,手足搐搦病的三人;4. 医疗状况:仅有中医,药价颇贵,生孩子只有旧产婆(全县助产士四人,都在城内);5. 健康状态:全屯患砂眼的百分之九十九,慢性支气管炎的百分之九,尚有其他各种病症;6. 前二年,曾发生斑疹伤寒、回归热及克山病,死亡较多,7. 群众缺乏卫生知识,不卫生现象已成习惯。❸ 可以说,像这样的现象在新中国成立初期的广大农村是比较普遍的。

其四是迷信思想泛滥,巫医盛行。新中国成立前,我国农村由于社会经

---

❶ 《赶快预防和扑灭瘟疫》,《人民日报》,1949年5月5日。
❷ 《怀安万全瘟疫流行,政府组织医生急救》,《人民日报》,1949年5月14日。
❸ 《黑龙江省派员赴卫生实验县调查农村卫生状况:确定改进环境卫生,改造厕所、水井,训练旧产婆等》,《人民日报》,1950年1月14日。

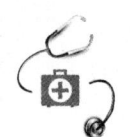

济文化非常落后，导致人们迷信观念普遍，一旦生病就迷信鬼神现象，去求神拜佛，找一些巫师、巫婆来杀牛祭神作法事，结果延误了治疗的最佳时间，酿成不该发生的悲剧，因迷信造成的悲剧比比皆是。在曲阳岸下村，有一户农民家就有4个孩子得了麻疹，由于迷信相信巫医，没有及时去进行治疗反而找巫婆去做法事，让孩子们服珍珠、喝符水，导致4个孩子都死掉了。❶ 可以说，旧中国农村的巫医现象极为盛行，在疾病流行时，许多村子都搭棚祭神。在对晋冀鲁豫边区的调查中发现，其弹音、七原、涉县等几个行政村的1 000个人中就有11个巫婆。❷ 许多农民患病后就求巫神来治疗，在石家庄的柏林庄、大郭村等地方，许多农民迷信用神水圣药来治病，甚至有的农民到郊外焚纸烧香，乞求神灵赐予神水圣药。❸

由于迷信致使一些疾病不能及时控制，反而又导致疫病进一步传播，使更多的人受感染最终死去。如曲阳县在1945年2月，村里由于敌人抢粮而闹饥荒，一些人得了麻疹，由于迷信思想盛行，一些人就求巫医来念叨，结果致使麻疹在许多村里蔓延，致使133个村庄53 200名儿童中有26 600人发病，其中死亡人数达4 788人。❹ 即使在新中国成立初期，这种迷信思想在不少农村地区也都存在，许多农民解决疾病的途径主要是靠迷信求神拜药。如山西稷山县西段村有个三皇洞，在1952年，当地由于麻疹、伤寒以及流感等传染病暴发，仅在10天的时间内就有7 000多人到这里拜神求药。

第二节　新中国成立初期农村医疗卫生事业的开展

新中国成立初期，新政权就开始关注国家医疗卫生事业的发展，制定了国家卫生工作的"四大方针"，即"面向工农兵""预防为主""团结中西医"

---

❶ 北京军区后勤部党史资料征集办公室：《晋察冀军区抗战时期后勤工作史料选编》，北京军事科学院出版社1985年版，第557页。
❷ 《老解放区教育工作经验片段》，上海教育出版社1979年版，第112页。
❸ 中共石家庄市委党史研究室：《黎明的石家庄》，河北人民出版社1990年版，第88页。
❹ 北京军区后勤部党史资料征集办公室：《晋察冀军区抗战时期后勤工作史料选编》，北京军事科学院出版社1985年版，第565页。

第二章　农村合作医疗制度的兴起

"卫生工作与群众运动相结合"。这"四大方针"指导着国家医疗卫生事业的发展方向，农村医疗卫生工作也是以此为中心开展的。主要包括建立农村基层医疗卫生组织，改善农村卫生人员缺少、卫生机构及卫生设施薄弱的现象。开展妇幼保健工作，使妇女和儿童的健康得到基本的保障。初步展开卫生防疫工作，提出把卫生、防疫和一般医疗工作看作一项重大政治任务的目标。通过开展爱国卫生运动，引导群众改变不卫生的旧习俗，树立健康、文明的个人卫生观念。

一、确立卫生工作"四大方针"

新中国成立初期，中央政府就致力于国家医疗卫生工作的开展，1950年8月召开了第一届全国卫生工作会议。在这次卫生会议上，毛泽东亲自题词，指出了新国家卫生工作的方向："团结新老中西医各部分医药卫生人员，组成巩固的统一战线，为开展伟大的人民卫生工作而奋斗。"❶ 这就是指导新中国卫生工作建设的三大方针，即"面向工农兵""预防为主""团结中西医"。

1952年12月，召开了第二届全国卫生工作会议。会议总结了三年以来我国贯彻卫生工作三大方针的成就和经验，特别是对已经开展近一年的爱国卫生运动进行了具体的总结，指出国家卫生工作的发展必须依靠广大人民群众，并且还要把卫生工作与群众运动相结合，如此才能取得更为显著的成绩。在这次大会上还有一个重要的事项，就是接受了周恩来的建议，把"卫生工作与群众运动相结合"的方针与"面向工农兵""预防为主""团结中西医"这三大方针一起作为指导我国医疗卫生事业发展的四大卫生工作方针。

这一政策抉择的主要原因是在1952年，我国开展了爱国卫生运动，这场运动主要是反对美国在朝鲜和我国东北地区施行的细菌战。运动开展以来改变了我国旧社会恶劣的卫生环境，促进广大民众养成了良好的卫生习惯，形成了卫生意识。特别是在开展爱国卫生运动时，主要的依靠对象是广大的基层人民群众，这说明了发展我国基层卫生事业离不开广大人民群众的支持。中央政府认识到必须深入动员广大群众才能够发展国家医疗卫生事业，依靠广大基层人民群众的力量，通过群众的广泛参与，才可实现国家卫生事业的

---

❶ 蔡景峰等编：《中国医学通史（现代卷）》，人民出版社2000年版，第2页。

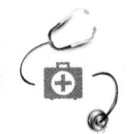

目标。因此，在第二届全国卫生工作会议上就把国家卫生工作的方针确定为四大方针，即"面向工农兵""预防为主""团结中西医""卫生工作与群众运动相结合"。

"面向工农兵"是指卫生工作的服务对象是要为广大人民群众服务。在旧中国，广大人民群众面临长期缺医少药之苦，国民的平均寿命是比较低的，他们的生命和健康得不到最基本的医疗保障。新中国成立后，新政权把广大人民群众作为国家卫生工作的主要对象，通过改善医疗卫生条件，树立卫生科学知识和改变不卫生习俗来保障他们的健康。由于农民占我国人口80%以上，农村缺医少药的情况又最为严重，所以在1965年，毛泽东又进一步发出了"把医疗卫生工作的重点放到农村去"的重要指示，使国家医疗卫生工作真正实现为广大群众服务的目标。

"预防为主"的方针是针对违背广大群众利益的单纯治疗的观点提出的。这一原则指出要树立科学的态度对待疾病，根据疾病的发展规律，从预防着手积极主动地和疾病做斗争，要防病于未然。"预防为主"的原则是卫生工作的核心，它是一种既经济、能够主动，又具有人道精神和最有效的疾病预防方针。"预防为主"的原则强调要把预防的目标贯穿于医疗、预防、保健等整个过程，这样才能真正实现预防疾病、减少疾病的目的，并做到将疾病通过控制给以消灭，能够符合广大人民群众的最高利益。

"团结中西医"的方针是指国家卫生工作的发展道路问题。中医在我国有悠久的历史传统，如何能够把中西医药卫生人员团结起来，使他们更好地为广大人民群众开展健康服务，这是一个重要的问题。新中国成立初期，我国的医疗卫生人员仅有50多万，其中大多数是中医师，占总数的54.6%，西医师则比较少，只占总数的7.5%，显然中西医的人数比例是不平衡的，并且这些中医师们大多分布在广大农村，是农民寻求医治的主要依靠对象。

还有，在新中国成立前，中医由于受到国民党政府的歧视和排斥，影响了中医队伍的发展并造成了中西医之间的隔阂与矛盾。如果中西医之间的矛盾长期存在，他们不团结，在开展业务时彼此看不起对方，就会造成城市的医院里没有中医，而广大农村几乎没有西医，主要靠中医来治疗，这种现状是很局限的，不利于开展国家卫生工作。

面对我国医疗卫生资源的有限，只能团结更多的医务人员为广大群众进行治疗，因此就需要解决中西医之间的矛盾，把他们团结起来为人民服务。基于此，国家把团结中西医作为卫生工作的一个重要方针，这种团结可以有效促进中西医的有机结合，团结的范围也是广泛的，不仅要在政治上团结他们，在防治工作上也要加强彼此之间的业务合作，积极合作，而且在学术上更是要互相交流、互相渗透、取长补短、共同发展。

"卫生工作与群众运动相结合"是指卫生工作的群众路线问题。要把广大的群众动员起来，通过他们的广泛参与来促进国家医疗卫生工作的开展。早在苏区，中国共产党就认识到人民大众的重要性，提出了要大力发展群众参与卫生运动，以促进根据地的卫生建设。1952年，在开展反对美国细菌战的爱国卫生运动中，中央政府把这一原则发展成新中国的大规模群众卫生运动经验，即卫生工作与群众运动相结合的方针。在爱国卫生运动中这一原则的具体做法是：领导群众与卫生技术人员相结合，大家一起动员起来开展"除四害"、讲卫生、减少以至消灭疾病。

可以说，新中国成立初期制定的卫生工作四大方针是国家在发展医疗卫生事业的一个指明灯，这四个原则也是相互联系的，构成了统一的整体。其中，"面向工农兵"解决了卫生工作服务对象的问题；"预防为主"指明了国家卫生工作的重点是对疾病的预防，要防病于未然；"团结中西医"是卫生工作的发展道路，把中西医药卫生人员团结起来共同服务人民大众；"卫生工作与群众运动相结合"的原则是指明了大力发展群众参与卫生运动，以促进国家卫生建设。卫生工作四大方针的提出，明确了新中国医疗卫生事业的发展方向，不管在城市或者在农村，医疗卫生工作的开展基本上都是以此为中心实施的。

二、建立农村基层卫生组织

新中国成立初期，我国基层的医疗卫生组织是很薄弱的，不仅卫生人员缺少，卫生机构及卫生设施都严重不足，无法保障人民群众的基本健康。据统计，在1949年，全国中西医药卫生专业技术人员共505 040人，同年全国总人口54 167万人，卫生技术人员在人口中的密度仅为0.92‰。全国仅有医院2 600所，病床80 000张（每千人口0.15张），而占全国人口85%以上的农村仅有20 133张病床。❶。以河北省昌黎县为例，在1949年，该县只有1家公立医疗单位，仅有18名医务人员。另外有205名个体开业医生，并且大多是中医。农村的医疗卫生发展主要以民办为主，主要的医疗力量则为个体开业医生。❷。

农村医疗卫生资源不足的现象更为严重，卫生机构与卫生人员基本很少，农村地区长期处于缺医少药的状况。❸中央政府也关注农村医疗卫生工作的开展，针对农村的现状，认为在开展农村医疗卫生工作时主要从恢复和重点建设县卫生院、区卫生所和专业性的防治站开始着手，并且还动员群众建立合作性质的医疗预防机构。1950年6月，卫生部专门组织召开了全国农村卫生工作座谈会，以解决当前农村的医疗卫生问题。在这次大会上，卫生部副部长苏井观指出："今后卫生建设的重点在农村"，并强调"中央人民政府因重视农村卫生工作，最近已批准在县设小型的防疫队，并设立县以下各级卫生机构"。❹

在1950年第一届全国卫生工作会议上，中央政府对建立基层卫生组织就有一定的指示，基于此，一方面利用有限的医疗资源建立基层卫生机构，如首先在县一级投资建立卫生院等机构。另一方面，在县级以下则是通过整合农村现有的医疗卫生资源组建联合诊所，使农民可以到联合诊所自费看病，以缓解农村缺医少药之亟需。1951年，卫生部发布了《关于健全和发展全国卫生基层组织的决定》，决定指出："人民政府首先应该有步骤地发展和健全全国的卫生基层组织，特别是工矿区和农村的卫生基层组织"，并且还明确指导各地如何发展基层卫生组织。随后又颁布了《农村卫生基层组织工作具体实施办法》和《关于组织联合医疗机构实施办法》等文件，要求各地方人民政府大力加强基层卫生工作，同时还号召那些散落在各地农村的中西医个体，要逐步组织起来成为民办公助的区卫生所和联合诊所、乡卫生站、医药合作

---

❶ 黄永昌：《中国卫生国情》，上海医科大学出版社1994年版，第21页。

❷ 昌黎县地方志编纂委员会：《昌黎县志》，中国国际广播出版社1992年版，第549、563页。

❸ 在1951年4月卫生部颁布的《关于健全和发展全国卫生基层组织的决定》中，明确指出新中国成立初期我国广大农村医疗卫生状况极为糟糕，几乎没有现代医疗卫生设施，并且巫神横行，瘟疫丛生，长期处于缺医少药的状态。

❹ 《关于农村卫生建设问题——记中央卫生部农村卫生座谈会》，《人民日报》，1950年7月25日。

社，农民可以到联合诊所自费看病。1951年5月，在全国医政工作会议上又通过了《健全与发展乡村卫生基层组织实施办法》，这些措施在一定程度上推进了农村医疗卫生组织的发展。

加强县卫生院建设也是新中国成立初期国家发展农村卫生基层组织的一项重点措施。经过两年的发展，许多省区如河北、山东、湖南、陕西、浙江、东北全区和四川的四个行署的每个县都建立了卫生院。据统计，到1951年4月，全国已恢复和建立的县卫生院就有1 841所，占全国总县数84.3%。

在国民党统治时期，我国几乎没有区卫生所这样的医疗组织。新中国成立初期农村卫生基层组织的建设重点虽然放在恢复与建立县卫生院上，但是也很重视区卫生所的发展。据统计，到1951年4月，全国范围内就建立了953个区卫生所。还有一些地区，如东北及其他地区的卫生实验县，也有部分行政村建立了卫生分所或卫生站。华北地区也普遍建立了医药合作社组织，这种基层医疗卫生组织对广大民众的疾病治疗和预防工作都起了不容忽视的作用。

建立专业性的卫生防治机构也是一项重要工作。据相关统计，新中国成立初期，全国（包括城市及工矿区）建立的各种疾病防治站（所）有115个，妇幼保健站（队）有425个，妇幼保健所有39所，接生站有536个，医疗防疫队、卫生工程队等有114个。这些基层的卫生机构主要设立在传染病流行地区、灾区和少数民族地区，在防治各种疾病、开展农村妇幼卫生、协助各地建立卫生基层组织、培养初级卫生干部等方面起到不容忽视的作用。

群众性的卫生组织是依靠群众并为群众开展服务的一种重要的基层卫生组织。这种组织对于开展季节性的爱国卫生运动，控制传染疫病的流行和传播，起到很大的推动作用。特别是卫生工作者协会或医药联合会等卫生人员的群众团体，这些卫生组织在教育、改造和团结卫生人员，协助地方人民政府开展卫生防疫保健工作方面都发挥了很大的力量。

到1953年年底，全国县医院和卫生员的数量已经得到一定的发展，其中，县医院从1 437所发展到21 023所，少数民族地区的卫生组织也得到发展，建立了30多家医院和350多所卫生院。我国农村基层卫生组织发展逐渐形成

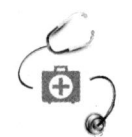

了以联合诊所为主,区、乡卫生所和保健站等多种形式并存的保健网。❶ 农村基层卫生组织的发展,首先在疫病的防治上收到很大的效果。其次在开展妇幼卫生工作,改善环境卫生和个人卫生,提高群众的卫生常识,减少疾病的发生率和死亡率方面,也起到了一定的作用。❷

三、开展妇幼保健

旧中国妇女和儿童的健康保障问题不受重视,得不到基本的保障,所以孕产妇和婴儿死亡率比较高。其中,新生儿的死亡率就比较高,平均为200‰,在一些少数民族地区和偏僻的农村则高达500‰~600‰❸。妇女在生产时也易患产褥热症等,仅安徽省每年就有10万多名产妇和30万名婴儿死亡。❹

中国共产党一向重视妇女和儿童的问题,早在根据地时期,就十分关心妇婴的卫生健康保障。1944年,在陕甘宁边区文教大会上通过的《关于开展群众卫生医药工作的决议》中,就对妇女生育保健等问题有具体的规定,决议还对办接生训练班、改造老娘婆、农妇生产时的注意事项等问题进行了具体规定。

1949年9月29日,中国人民政治协商会议第一届全体会议上通过了《中国人民政治协商会议共同纲领》,其中第6条则明确表明新政府对妇女的关心和爱护,指出要废除封建制度,使妇女在政治、经济、文化教育等方面拥有和男子平等的权利。在第48条中又专门指出要注重对母亲、婴儿和儿童健康的保护。1950年,在全国卫生行政会议上也明确指出,今后妇婴卫生工作的重点任务是改造旧式接产和推行新法接生工作,要在"预防为主"的卫生方针指导下,控制产褥热和新生儿破伤风现象,以保障妇女和儿童的生命健康。

在开展妇婴卫生工作时,各地着重训练和改造接产妇,通过开设接生训

---

❶ 当代中国丛书编辑部编:《当代中国的卫生事业》(上),中国社会科学出版社1986年版,第8页。

❷ 《全国农村卫生基层组织迅速扩展两年来已恢复和建立县卫生院一千八百余所》,《人民日报》,1951年9月21日。

❸ 罗琼主编:《当代中国妇女》,当代中国出版社1994年版,第499页。

❹ 安徽省妇女联合会编:《安徽妇女工作的成就和经验》,安徽人民出版社1960年版,第34页。

练班，培养新法接生人员，以改良接产方法。如吉林省，自 1949 年 8 月至 1950 年 5 月，共开办 32 期新式接生训练班，改造 1 487 名旧式接产妇。察哈尔省也改造了 1 876 名旧式接产妇。❶ 河北省 9 个专区也开办了接产训练班，其中衡水专区培养了 1 086 名新接产妇。平原省也培养了 112 名新接产妇，改造了 1 650 名旧式接产妇。山西部分专、县也开办多期的接产妇训练班。这些训练班一般进行了接产消毒、剪脐带、保护会阴等科学接产方法的培训，纠正以往旧式接产妇落后的接产方法，减少妇婴死亡率。经过训练后，接产妇均用新法接产，故产妇婴儿无一死亡。❷

到 1955 年，全国许多大中城市基本上都采用了新法接生，采用新法接生的孕妇占孕妇总数的 90% 以上。在广大农村采用新法接生的地区达 30% 左右，部分较好的地区达 70% 左右。❸ 可以说，开展新法接产使婴儿和产妇的死亡率大大降低，保障了他们的生命健康，深受广大群众的欢迎。为了更好地开展妇幼卫生保健工作，还组织卫生人员到农村各地进行妇婴知识的宣传和培训，结果发现农民十分关心妇婴卫生问题，一些地方在给妇女们讲妇婴卫生知识时，甚至有很多男人去听课。如河北涿县某区的旧产婆训练班，每次上课都有很多男人要求听课，他们怕旧产婆不让其听，就偷偷躲在窗外听，有时谁一天没有听到，还要教员给他们补讲。这样积极求知的例子很多，说明了农民对改变不卫生现状，从疾病死亡的威胁中获得解放的要求是迫切的。❹

总的来说，新中国成立初期，中央政府积极开展妇婴保健工作并取得显著改善。以建立妇幼保健所为例，在 1949 年，全国只有 9 个妇幼保健所（站），到 1956 年就发展到 4 564 个保健所（站），这些保健所（站）的建立为广大妇女和儿童提供了卫生方便的服务部门，有效地保障了他们的生命和健康。❺

---

❶ 《吉林、察哈尔两省改造旧产婆3000余名》，《新中国妇女》，1950 年 7 月（总第 13 期），第 42 页。
❷ 《适应农村条件采用简便方法　华北开展农村卫生工作防治疫病改善接产方法年来均获成绩》，《人民日报》，1950 年 3 月 5 日。
❸ 《全国妇联召开第二次妇女儿童福利工作会议》，《新华半月刊》，1956 年第 1 号第 47 页。
❹ 《关于农村卫生建设问题——记中央卫生部农村卫生座谈会》，《人民日报》，1950 年 7 月 25 日。
❺ 全国妇联妇女研究所：《中国妇女统计资料》（1949—1989），中国统计出版社 1991 年版，第 478 页。

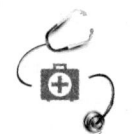

四、实施卫生防疫

新中国成立初期，中央政府就非常重视国家的卫生防疫工作，提出了"必须把卫生、防疫和一般医疗工作看作一项重大的政治任务"。❶ 1950年2月，首先颁布了《关于开展军民春季防疫工作的指示》，提出了建立防疫委员会。同年4月，又颁布了《关于预防霍乱的联合指示》，在这些指示的指导下拉开了新中国卫生防疫工作的帷幕。1951年9月7日，卫生部副部长贺诚提交了关于《二十一个月来全国防疫工作的综合报告》，其中对国家卫生防疫工作的现状进行了具体的分析，并特别指出有一些地方的基层领导干部对卫生防疫工作不够重视，简单认为它是难以避免的天灾，强调要加强这方面工作的力度。

同年9月9日，毛泽东专门起草了《中央关于加强卫生防疫和医疗工作的指示》，提出要把卫生、防疫和一般医疗工作放到政治的高度加以重视，并对如何开展防疫工作提出了具体的指导，要求"对卫生工作人员必须加以领导和帮助，对卫生工作必须及时加以检查。在经费方面，除中央预算所列者外，应尽其可能在地方上筹出经费。必须教育干部，使他们懂得，就现状来说，每年全国人民因为缺乏卫生知识和卫生工作引起疾病和死亡所受人力畜力和经济上的损失，可能超过每年全国人民所受水旱风虫各项灾荒所受的损失，因此，至少要将卫生工作和救灾防灾工作同等看待，而决不应该轻视卫生工作"。❷

可以说，提出把卫生、防疫和一般医疗工作看作一项重大政治任务，这是新中国成立初期我国开展卫生防疫工作一个重要的指导方针，围绕这一方针国家防疫工作逐步展开。1951年，卫生部发出《农村卫生基层组织工作具体实施办法（草案）》，规定："县卫生院的防疫工作由公共卫生组办理，但全院应予以大力支持，区卫生所制定人员监理防疫工作，防疫工作内容包括

---

❶ 《毛泽东为中共中央起草的关于加强卫生防疫和医疗工作的指示》，《党的文献》，2003年第5期。

❷ 《建国以来毛泽东文稿（第三册）》，中央文献出版社1988年版，第282页。

第二章 农村合作医疗制度的兴起

传染病调查和防治、改善环境卫生以及训练初级防疫员"。❶

1956年，卫生部发出《贯彻改变卫生院组织结构加强防疫工作的通知》，这个通知再次表明中央政府对卫生防疫工作的重视，加强对防疫机构的建设。即"对县级医疗卫生机构进行调整，将县卫生院改为县人民医院，并将县卫生院原有的卫生防疫股单独划出来成立了县防疫站，直属县卫生科领导，经费在原省预算内调整"。❷ 为了深入开展卫生防疫工作，卫生部在全国范围还组织了125个防疫队，有6 000名防疫卫生人员深入疫区、灾区及治淮工程区开展群众性的卫生防疫工作，通过开展防疫工作，使斑疹、伤寒、回归热、痢疾等当时较为流行的传染病得到及时的控制，没有大面积的暴发。还有一些传染性疾病如黑热病、性病、疟疾等的防治也取得了一定的成效。

具体来说，在新中国成立初期，中央政府对卫生防疫工作的开展主要体现在以下几个方面。

第一，建立中央防疫队以及基层的卫生防疫组织，加强对各级防疫工作的指导。1949年10月27日，政务院设立了中央防疫委员会。同年11月1日，卫生部成立，由公共卫生局指导全国的卫生防疫工作。随后，地方政府也相继成立了专门的卫生行政机构开展卫生防疫。如1949年，北京市卫生局就设立了防疫处，1953年又成立了市卫生防疫站，各区县也相继成立了防疫站。❸ 福州市则在1949年10月成立了市卫生局，下设总务科、环境卫生科、保健防疫科和医政科，次年2月又专门成立福州市防疫委员会。上海市在1950年成立了卫生防疫站，1953年1月又成立了市卫生防疫站，到1958年在街道医院、公社卫生院设立保卫组，初步形成了市、区县、基层的三级卫生防疫网。1959年，上海市黄浦区各居委会还建立了红十字卫生站，使传染病的控制得到了有效管理。❹

第二，组建卫生防疫队伍。建立卫生防疫队伍是开展防疫工作一项重要

---

❶ 《农村卫生基层组织工作具体实施办法（草案）》，选自卫生部基层卫生与妇幼保健司编：《农村卫生文件汇编（1951—2000）（内部资料）》，第148页。
❷ 《贯彻改变卫生院组织结构加强防疫工作的通知》，选自卫生部基层卫生与妇幼保健司编：《农村卫生文件汇编（1951—2000）（内部资料）》，第258页。
❸ 王康久主编：《北京卫生志》，北京科学技术出版社2001年版，第159页。
❹ 周太彤等主编：《黄浦区志》，上海社会科学院出版社1996年，第1262—1263页。

的人员保障。1950年3月，卫生部成立了中央防疫总队，下设6个大队，共有438名防疫工作人员。他们在经过统一的政治学习以及专业技术培训后，防疫大队首先到河北省的宁河县、宝坻县，天津一带的潮白河施工区，皖北的泗县、泗洪、五河，苏北的淮阴、沭阳，黄泛区的西华、扶沟、淮阳、尉氏等地开展卫生防疫工作，使当地较为严重的疫情得到有效的控制。据统计，这支防疫大队接受防疫针注射的人数有84 166人，牛痘接种人数有243 905人，并治愈黑热病676人、疟疾441人、回归热病285人。❶

第三，建立疾病防控医学研究机构。为了保障防疫工作的顺利开展，许多地方还专门成立了各种疾病防控研究机构，通过医学研究与卫生防疫相结合使对疫病的防治更为有效。1951年6月，中央军委设立了军事医学科学院。为了保证在开展防疫工作时所用的疫苗、血清等药品的供应，还恢复与扩大了6个生物制品研究所，并在西南区新建立了1所卡介苗实验所。❷此外，在全国还设立了8个黑热病防治所和18个寄生虫病防治所。

通过这些举措使卫生防疫工作在全国范围得到了普及。据统计，到1951年年底，全国有将近两亿人口都种了牛痘，通过开展卫生防疫，在北京、秦皇岛、营口、烟台、厦门、广州等地区两年内都没有发现天花病人。鼠疫的控制也得到了有效改善，1951年，全国鼠疫发病人数较1950年同期减少了78%，并且其治愈率比1950年提高了17%。❸

五、动员爱国卫生运动

1952年年初，美国在我国东北地区撒布大量的传播细菌。据统计，在辽西、黑龙江、沈阳、吉林等地撒布下来的昆虫或其他毒物的种类有35～38种，其中昆虫含有鼠疫菌和沙门氏菌等。❹这些细菌严重威胁着广大人民的健康和国家的安全。1952年3月，中央政府发出了"反对细菌战，进行灭虫消毒的防疫运动"的指示，并成立了由周恩来亲自领导的中央防疫委员会，组织起来反对细菌战。1952年12月8—13日，在第二届全国卫生工作会议上，毛泽

---

❶《为了进一步提高人民健康水平而奋斗》，《人民日报》，1951年10月29日。
❷《中央人民政府卫生部全国防疫工作的报告》，《人民日报》，1952年1月3日。
❸《中央人民政府卫生部全国防疫工作的报告》，《人民日报》，1952年1月3日。
❹许嘉璐、路雨祥、任继愈编：《中华人民共和国日史》，四川人民出版社2003年版，第85页。

第二章 农村合作医疗制度的兴起

东也发出"动员起来,讲究卫生,减少疾病,提高健康水平,粉碎敌人的细菌战争"的号召,并且这个号召把"卫生防疫工作"与"粉碎敌人的细菌战争"相结合,使卫生防疫工作披上了爱国主义的色彩。

中央政府又进行了卫生机构组织改革,把各省防疫委员会一律改成爱国卫生运动委员会,并指出中央爱卫会的主要职能包括:"拟定、组织贯彻国家和地方公共卫生和防病治病等的方针、政策和措施;统筹协调有关部门及社会各团体,发动广大群众,开展除四害、讲卫生、防病治病活动;广泛进行健康教育,普及卫生知识,提高卫生素质;开展群众性卫生监督,不断改善城乡生产、生活环境的卫生质量;检查和进行卫生评价,提高人民健康水平。"❶ 随后,在各级爱国委员会的带领下,一场全国性的以消灭细菌战、消除鼠疫、霍乱等传染病为目的的爱国卫生运动在全国城乡轰轰烈烈开展起来。

1953年,为了进一步落实爱国卫生运动的开展,《人民日报》还专门刊载了中央政务院发布的《关于一九五三年继续开展爱国卫生运动的指示》,强调无论在城市还是农村,"应更加普遍深入地发动群众,进行清除垃圾、疏通沟渠、填平洼地、改善饮水、合理处理粪便以及捕鼠、灭蝇、灭蚊、灭蚤、灭虱、灭臭虫等工作"❷。

随着农业合作化运动的开展,在《1956年到1967年农业发展纲要(草案)》(以下简称《纲要》)中,又把爱国卫生运动纳入国家重要的发展规划中,强调各级政府要加强爱国卫生运动的开展,并把其作为社会主义建设的一项重要内容。动员群众开展各种形式的爱国卫生运动,使人人讲卫生、家家都清洁,消灭疾病,移风易俗,实现改造社会的目的。《纲要》还指出要在12年内,"在一切可能的地方,基本上消灭老鼠、麻雀、苍蝇和蚊子",以及"在一切可能的地方,基本上消灭危害人民最严重的疾病,如血吸虫病、天花、鼠疫、疟疾、黑热病、钩虫病、新生儿破伤风和性病。其他疾病,例如:麻疹、赤痢、伤寒、流行性乙型脑炎、脊髓灰白质炎、白喉、肺结核、麻风、沙眼、甲状腺肿、大骨节病、克山病等,也应积极防治"❸。1957年,

---

❶ 中央爱卫会办公室:《爱国卫生运动经验汇编》(三),人民卫生出版社1960年版。
❷ 《中央人民政府政务院关于一九五三年继续开展爱国卫生运动的指示》,《人民日报》,1953年1月4日。
❸ 《1956年到1967年全国农业发展纲要(草案)》,《人民日报》,1956年1月26日。

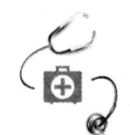

中央政府又明确指出除"四害"是开展爱国卫生运动的目的。1958年,为了争取尽快消除"四害",又发布《关于除四害、讲卫生的指示》,要求消灭严重危害人民健康的强烈性传染疾病,使社会卫生状况大为改观。❶

从上述文件可以看出,在20世纪50年代,中央政府很重视开展爱国卫生运动,各地政府也纷纷制定了具体的制度,开展了各种形式的爱国卫生运动。1953年,北京市在第二届卫生行政会议上指出:要以"一捕五灭"为中心,改进环境卫生,加强饮食卫生管理与提高个人卫生知识为基本内容开展运动。特别是在"大跃进"运动期间,各地开展爱国卫生运动的规模则更是庞大。1958年到1959年,仅北京市就先后举办了29次以除"四害"、讲卫生为中心的全市卫生大突击,每次运动都有100万人次参加,最多的有300万人次。❷

山西省的爱国卫生运动也搞得比较突出,其中平定县维社村农民创造的"爱国检查日"制度成为典范,这个制度通常是每半个月举行一次。由当地村支部领导,宣传员负责发动和组织群众参加。"爱国检查日"很快在全国范围内推广,据统计,到1952年年底,全国有数千个村庄都在学习,其中山西全省以及河北省的邯郸专区已经普遍推行这一制度。❸ 稷山县也是卫生模范县,其中太阳村、清水庄以及三堡村的卫生工作开展得最为突出,获得卫生模范村称号。其中1952年,全县灭蝇2 976万余只,捕鼠1.4万余只,清除垃圾3.6万余车,清扫整理大街小巷1 850条,修理污水坑352处,29个村子被评为卫生模范村。❹ 全村还制定了卫生标准,要求做到"三平四不脏"和"五清六净",所谓"三平"就是大路平、小巷平、空地平;"四不脏"是沟不脏、院不脏、厕所不脏、路不脏;"五清"是屋顶清洁、地面清洁、墙壁清洁、门窗清洁、角落清洁;"六净"是身体饮食干净,衣服被褥干净,箱笼橱柜干净,桌椅板凳干净,锅、碗、瓢、勺干净,瓮、罐、缸、坛干净。这两

---

❶ 全国人民代表大会常务委员会编:《中华人民共和国法律汇编(1954—1959年)》,人民出版社1960年版,第333页。
❷ 王芸主编:《北京爱国卫生运动档案史料》,新华出版社2003年版,第65页。
❸ 《有计划有步骤地普遍推行"爱国检查日"制度》,《人民日报》,1952年12月15日。
❹ 岳谦厚、贺蒲燕:《山西省翟山县农村公共卫生事业述评(1949—1984年)》,《当代中国史研究》,2007年第9期。

个卫生标准成为卫生口号,是全村居民的卫生行动指针,大家都照着这口号做,检查组也照着这个口号检查,促进了该村卫生运动的开展。

在各地深入开展爱国卫生运动时,许多地方依据当地的实际情况创造了多样的宣传方式,主要包括以下几个方面:

其一,通过报纸、广播等形式的宣传来普及卫生常识,推动爱国卫生运动开展。

报纸宣传的形式主要以漫画、小故事、诗歌、小品文为主,许多报纸还组织专栏刊出一些基本的卫生医药保健知识,指导群众如何认识麻疹、猩红热、流行性感冒等疾病。有的地方还创建了当地的卫生报纸,比较有名的有山西《爱国卫生运动报》和《卫生动态报》,福州《福州卫生报》。

广播也是一种较为普遍的宣传媒体,尤其在广大的农村,通过广播宣传的方式让广大农民了解开展爱国卫生运动的好处,动员他们积极参与运动,有的地方还派出巡回广播宣传车以宣传普及灭"四害"的方法。

其二,用口号、歌曲、快板、相声等表演形式调动广大群众积极参与爱国卫生运动。

口号是社会运动中一个重要的元素,鲜明的口号不仅可以激发参与者融入社会运动的激情,同时也是有效推动社会运动的有力保障。纵观集体化时期,许多政治运动在开展时都有各种不同的政治口号。20 世纪 50 年代,就有许多关于卫生的热情口号,如"打死一只老鼠等于消灭一个美国鬼子兵""用革命干劲消灭七害""人人动手,不让四害过春节""扫帚响,粪堆长,增产卫生两相当"等,这些充满激情的口号在一定程度上激励了人们参与爱国卫生运动。

歌曲也是一种有效的宣传形式,在广大农村也很普遍。在当时就有一首在人民群众中广为流传的歌曲——《消灭细菌歌》,激愤的歌词充满了民族主义的口号,如"美帝国主义万恶滔天,它临到死亡的边缘,胆敢对中朝人民进行细菌战!美帝国主义万恶滔天,我们为了人类的尊严,反对美帝国主义进行的细菌战。消灭它、消灭它!消灭细菌战,捉拿细菌战犯,让美帝国主义和他的臭虫苍蝇跳蚤一齐完蛋!消灭细菌战,捉拿细菌战犯,全中国,全

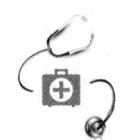

世界人民一致动员！一致动员！"❶ 一些地方的农民还自己编写歌谣以激励参与爱国卫生运动："农村合作力量大，人多智广出主张；人人动手除四害，新营变成无蝇村；千堆万担保增产，丰衣足食人无恙。"❷

其三，举办形式多样的卫生展览会。通过举办展览并用真实的图片、物品等宣讲爱国卫生运动是一种有效的宣传方式。许多地方都积极组织卫生宣传展览会，宣传"四净""五灭"，以及环境卫生、个人卫生、妇幼儿童卫生、农村卫生等。如卫生部在北京劳动人民文化宫举办了全国爱国卫生运动展览会。山西交城县在1952年9月组织了卫生展览会，仅3天就有36 119人前来参观。许多农民听说后专门从较远的地方赶来，有的人还看了不止一遍。❸ 1954年，在成都郊区也举行了小型的卫生展览会，开展以"深入灭蚊、灭蝇工作"为主题的宣传，通过宣传向广大民众普及了蚊蝇对人类的危害性等基本常识，激发了群众讲卫生的热情。

在中央政府的号召下，各级地方政府也逐渐重视开展各种形式的爱国卫生运动，许多地方的最高领导都亲自指导工作。如在1955年，北京市人民委员要求"各区人民委员会一定要由一名副区长负责该区的卫生工作，并抽调区级医疗、防疫、妇幼等卫生机构组成工作组，在区卫生运动委员会的领导下执行全区卫生工作"，"每一个街道办事处必须指定一名干部，每一个居民委员会至少应指定一两名居民委员负责经常性的卫生工作"。❹ 许多地方的领导也亲自参与工作，如江西、甘肃等省的省主席都亲自领导了爱国卫生运动，北京、南京、青岛等市的正、副市长也亲自督促检查工作。还有一些县的县长和群众一起进行大扫除，并亲自运送垃圾，湖南省常德县的一位卫生所所长亲自帮助农民打扫院落。这些现象受到了各地群众的普遍称赞："人民政府真正给人民办事，使人民讲卫生、少生病。""毛主席关心我们的健康，我们要积极做好增产工作，来增强抗美援朝的力量。"

---

❶ 《消灭细菌歌》由郭沫若作词，吕骥作曲，这是一首在当时广为流传的爱国卫生歌曲，反映了人民群众参与爱国卫生运动的热情和积极性。

❷ 《摆脱了疾病和迷信的锁链，新营村由"猪屎村"变成基本"四无"村的经过》，《福建日报》，1958年1月8日。

❸ 《交城举办爱国卫生展览会》，《山西日报》，1952年9月4日。

❹ 王芸主编：《北京市档案史料》，新华出版社2003年版，第57页。

第二章 农村合作医疗制度的兴起

为了促进爱国卫生运动能够有效开展，许多卫生部门还制定了相关的检查及评比制度，通过定期与不定期的检查，保障运动的顺利开展。其中检查的对象涉及整个社会各行各业，包括机关、企业、厂矿、工地、团体、学校、部队、农村、合作社、私营行业以及一般住户等。如成都市制定了《成都市爱国卫生工作模范评选标准》，规定了卫生模范单位和个人卫生模范的评选标准。其中卫生模范单位的主要标准包括：1. 积极响应除"四害"的号召，充分发动群众，做到任何住地范围内无苍蝇，厕所、粪坑无蛆，并积极消灭蚊虫、捕杀老鼠、麻雀有显著成绩；2. 环境经常整洁，能带动群众消灭苍蝇、蚊虫、老鼠、麻雀孳生地带有显著成绩；3. 街、巷、院落、户籍段做到全部无蛆、无蝇，基本上无老鼠、无蚊、无孑孓、无麻雀；4. 农业生产合作社、农业生产队除具备第一、二条外，并要求做好分坑储粪或合理堆肥，粪坑、厕所经常保持无蝇、无蛆；5. 卫生行业做到无蛆、无蝇、无老鼠并模范遵守卫生部门规定的有关卫生注意事项，搞好卫生工作。

个人卫生模范的评选标准包括：1. 消灭苍蝇、蚊虫、老鼠和麻雀，改善环境清洁有显著成绩者。2. 在除"四害"运动中创造或合理化建议，从而改进工作，提高工作效果，对运动有贡献者。3. 贯彻卫生工作方针，动员群众积极参加卫生宣传有显著成绩者。凡符合以上条件者，评为爱国卫生模范，均给予物质奖励。4. 凡是已被剥夺政治权利者，在除"四害"运动中积极行动，成绩显著，符合以上个人模范条件的，均不参加评选，可由住地街道办事处和公安派出所或单位将其成绩列为其个人立功赎罪的一项表现。❶

北京市也用发奖旗的办法来激励广大群众积极参与爱国卫生运动。奖旗主要包括大号奖旗三面，由市级分发；中号奖旗若干份，由区级分发。除了奖励，还制定了批评制度，以督促开展运动，批评制度包括在报纸上登载批评、通传方式批评以及会议方式批评。❷ 凡是敷衍或拒不执行开展卫生工作的单位或个人，并使传染病滋生影响了人民的健康，将给予批评并责令整改。

为了让更多的群众参与到爱国卫生运动中，各地还树立了一批爱国卫生

---

❶ 成都市爱卫委会：《成都市1956年爱国卫生模范评选条件》，成都市档案馆，全宗号127，目录号002，案卷号1247。

❷ 王芸主编：《北京爱国卫生运动档案史料》，新华出版社2003年版，第43页。

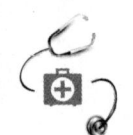

运动的先锋和模范，通过他们的典范作用来带动更多的群众积极参与，其中妇女和儿童在爱国卫生运动中成为模范的比较多。如安徽省合肥市的爱国卫生运动积极分子李大妈，带领大家填平了当地有名的臭人巷，改善了环境卫生。❶山西省太原市天平南乡的张大娘，积极带动全村居民打扫道路和整理个人家庭卫生，对于一些不讲卫生的人，她还积极劝说他们要保持个人清洁，受到大家的称赞，成为当地的卫生模范。❷山西省清徐县武家庄的妇女也是卫生明星，在当地很有影响。这个村的113名妇女自主组成了9个卫生小组，她们积极学习卫生知识，并制订了卫生防疫计划，开展卫生竞赛，做到"四净、五灭"，改善了全村的卫生环境，保障了村民的健康。❸

通过开展爱国卫生运动，引导群众改变不卫生的旧习俗，养成了健康卫生的新风俗，树立了讲究健康、文明的个人卫生观念，讲究公共卫生的社会公德。使过去在农村广为盛行的一些恶习风俗，如生孩子要往门上泥草插旗，家中有病人要撒灰，全家忌出门，有病要求巫医拜神等现象逐渐消失。许多农民认识到讲卫生的好处，纷纷指出"要想人财两旺，搞好生产建设祖国，就非得有好身子不行；要想都有好身体，人人不害病，就得大家都讲卫生"。

第三节　农业合作化运动和农村合作医疗制度的兴起

农业合作化运动是新中国成立后由中国共产党领导的一场声势浩大的农村群众性运动，这场运动时间不长，但对农村社会发展产生了不容忽视的影响，是以实现农业集体化为目标的农业合作制度的变迁。合作化运动将分散的农民组织起来成为集体的成员，他们的生产和生活与集体存在密切的联系，这也促使"合作医疗"成为可能。伴随合作化运动的深入，社会经济发生转型，农民的身份和地位被转变，这些都成为合作医疗开始的前提。

在合作化运动中农村的医生开始了由个体行医转向联合，出现了联合诊

---

❶《李大妈灭鼠》，《人民日报》，1958年2月13日。
❷《张大娘和天平南巷的爱国防疫卫生工作》，《山西日报》，1952年6月8日。
❸《清徐县武家庄妇女开展爱国防疫卫生运动》，《山西日报》，1952年4月7日。

所和农业社保健站两种形式的医疗卫生机构，成为农村基层卫生组织的基本形式，不仅减轻了国家和集体的负担，更是缓解了农民缺医少药之苦，在一定程度上保障了农民健康。特别是伴随1955年农业合作化运动中出现的由农业生产合作社组建的保健站，如米山保健站就是我国农村实行合作医疗制度的雏形。米山经验在当时具有一定的影响力，成为广大农村效仿的典型。

一、农业合作化使合作医疗成为可能

合作化运动将土地等主要生产资料的个人所有制变为集体所有，在合作化过程中，分散的农民被组织起来，成为集体的一名成员，他们的生产和生活与集体存在密切的联系。集体成为农民所有生活的保障，在集体经济制度下，农民的生、老、病、死等都是由集体来进行管理的，这使合作医疗成为可能。

（一）农业合作化运动

新中国成立以后，随着国民经济的恢复和土地改革的完成，得到土地的农民生产积极性空前高涨，但是由于长期战乱对生产力的严重破坏，加之小农经济个体分散等特点，极易使一部分农民的土地得而复失，产生新的剥削和贫富分化。面对农业生产中出现的问题，中央政府和个体农民都试图找到良好的解决方法。而在我国农村民间一直存在自发的合作互助，如换工（一般有劳动换工和人畜换工）、合作、扎工❶等现象引起了大家的注意。这种合作组织早在解放战争时期就很流行，是解放区农村中推行的一种比较有效的农业生产互助活动，解决了个体农户家庭生产的困难，受到广大农民的欢迎和提倡。

互助组出现在1950年春季，这是一种由农民自发成立的劳动互助合作组织。1951年9月，召开了全国第一次互助合作会议。在会议通过的《中共中央关于农业生产互助合作的决议（草案）》（以下简称《决议》）中，明确提出要在全国广泛开展互助合作运动的要求。《决议》指出要在农民自愿互利和典型示范原则的基础上，以互助组为主，在群众有比较丰富的互助经验又

---

❶ 扎工是在新中国成立前农村流行的一种合作组织，是指一些无地和少地的农民组织起来共同租种土地，他们既开展劳动互助，又集体出卖劳动力。

有比较坚强的领导骨干的老区，有重点地发展以土地入股为特点的农业生产合作社。《决议》还指出了三种形式的互助合作组织，一是简单的劳动互助，这是最初级的，主要是临时性的、季节性的；二是常年的互助组；三是以土地入股为特点的农业生产合作社，即土地合作社。要求新区和互助运动薄弱的地区，应大量发展第一种形式。❶ 1951年12月15日，中央政府颁布了互助合作运动中的第一个重要决议，即《中共中央关于农业生产互助的决议》，毛泽东还指示全党"把农业互助合作当作一件大事去做"。❷

根据这一指示，各地农村加强了对发展互助合作组织的引导。到1951年年底，东北、华北等地的互助组织有较大发展。西北区组织起来的劳动力占全区的25%左右。中南区河南省有各种类型的互助组42.6万个，占全省总农户数的35%左右。江西省组织起来的劳动力占25%。华东区的浙江、福建、苏北、苏南等省（区）有互助组30多万个，约占总农户的10%。❸ 通过建立互助组解决了农村劳动力、畜力及生产工具不足的实际困难，并受到许多农民的欢迎。一些农民还纷纷称赞互助组，认为它有四强，即劳动力强、技术强、畜力强、粪肥强，能够提高劳动生产效率，促进农业收成。

1952年冬至1953年春，各地在发展农业互助合作运动中普遍出现了强迫命令，盲目追求高级形式等急躁冒进现象，如一些干部强迫农民编组，将耕牛农具折价归公以及追求更高级形式的互助组织等。为此，1953年3月8日，中共中央又发出了《关于缩减农业增产和互助合作发展的五年计划数字的指示》，指出"当前无论在老区（如华北等地）或新区（如四川等地），均已发生了'左'倾冒进的严重现象"，并将1952年和1953年两年时间"把百分之八九十的劳动力组织起来，新区要争取三年左右完成这一任务"的原计划推迟到5年后，同时合作社老区控制在45%左右和新区控制在12%以内。❹ 1953年4月3日，第一次全国农村工作会议召开，进一步强调农村要防止盲目冒

---

❶ 中华人民共和国国家农业委员会办公厅编：《农业集体化重要文件汇编（1949—1957）》（上），中共中央党校出版社1982年版，第39页。
❷ 《毛泽东选集》（第5卷），人民出版社1977年版，第59页。
❸ 史敬棠等著：《农业合作化运动史》，三联书店1959年版，第32页。
❹ 中华人民共和国国家农业委员会办公厅编：《农业集体化重要文件汇编（1949—1957）》（上），中共中央党校出版社1982年版，第144页。

第二章 农村合作医疗制度的兴起

进,要稳步前进。同年6月15日,在中共中央政治局会议上,毛泽东明确阐述了党在过渡时期的总路线,这也预示着在不久的将来,我国农业互助合作运动将发展到一个更高的阶段,同年10月6日,第三次全国互助合作会议召开,会后农业合作化运动进程开始加快,中央政府要求各地把发展互助合作当作一件大事来抓。初级社由重点试办阶段进入分批发展阶段,发展相当迅速。到1953年秋,全国新建农业生产合作社有13万多个,加上原有的共有22.5万多个。

1953年年底至1955年年初,初级合作社得到了一定的发展,主要原因是在1953年11月,中央颁布了统购统销政策,这一政策成为促进互助组向农业生产合作社转变的直接动因。同年12月16日,中共中央通过了《关于发展农业生产合作社》的决议,标志着农业生产互助合作运动的重心从发展互助组转移到发展初级农业合作社,初级农业合作社由试办转入快速发展阶段。1953年年底全国的农业生产合作组织由14 000多个增加到1954年春的95 000多个。1954年4月,在第二次全国农村工作会议上,提出了要在1955年发展农业生产合作社到30万至35万个的目标。同年10月,在第四次全国互助合作会议上又提出了要在1955年春耕前把农业生产合作社发展到60万个,任务增加了近一倍,并且还将原计划提出的1957年农业社的组织数目由35%提高到50%以上。同时,国家对过渡时期总路线进行大力的宣传,在一定程度上促进了合作社的发展,在1955年年初,初级合作社猛增到67万多个。

在快速推进初级合作社发展的过程中也出现了种种问题,主要体现在:一是没有贯彻好互助自愿和互利的原则。一些地方在发展初级社时,没有对农民采取说服引导的方式,而是用简单生硬甚至强迫的手段迫其加入,有的地方干部还打击、孤立入社的单干户,造成了极坏的影响。二是在开展工作中急躁冒进,盲目追求高数量。有的地区在发展初级合作社时一味追求高数量的农业合作社,而不顾及当地的实际情况,使工作急躁冒进。三是合作社内部缺乏管理,组织混乱。由于在成立合作社时采取了急躁冒进的方式,使一些合作社缺乏一定的管理机制,组织混乱,不能顺利地开展生产。以上因素都是在冒进发展初级社时存在的,不仅在群众中造成不良的影响,而且没有开展好农业生产,造成生产效率下降,有的地方无法维持合作社,不得不解散合作社或出现社员退社。

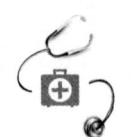

面对这些情况,1955年1月10日,中共中央又发出《关于整顿和巩固农业生产合作社的通知》,指出一些新建立的农业生产合作社是在无准备或准备条件不足的情况下建立的,需要对它们进行整顿和巩固。随后,全国的合作化运动逐渐慢了下来,进入控制发展与着重巩固的阶段,各级地方政府也开始致力于解决合作社发展中存在的问题。但是,到了1955年3月,毛泽东又发出指示,提出农业合作社发展的"三字方针",即一停、二缩、三发。认为浙江、河北两省收缩一些,华北、东北一般要停止发展,其他地区(主要是新区)应再适当发展一些。❶ 同年4月,在第三次全国农村工作会议上,进一步确定了"停止发展,全力巩固"是农业合作化运动的总方针。

1955年5月,由于毛泽东对合作化的认识发生了急剧转变,使合作社的发展出现了新的状况。毛泽东不再支持原本放慢步子发展农业合作化运动,他对中央农村工作部在合作化运动中采取的收缩政策提出严肃的批评。5月17日,在杭州召开的15省、市委书记的会议上,毛泽东重申了他在3月时提出的"停、缩、发"的三字方针,但特别强调:"缩必须按照实际情况,片面地缩,势必损伤干部和群众的积极性。后解放区就是要发,不是停,不是缩,基本是发"❷。这次大会上,毛泽东还提出一些省要大力发展农业合作社,并分配给这些省份关于发展合作社的新指标,如湖南省在当时被分配到的任务是发展45 000个农业社。

1955年夏季以后,随着全国农业合作化运动高潮的开始,各地农村也陆续开启了发展高级社的步伐。同年7月31日至8月1日,在召开的省、市、自治区党委书记会议上,毛泽东做了《关于农业合作化问题》的报告,这份报告大大推动了合作社的发展。首先否定了1953年和1955年春对农业合作社的两次整顿工作,毛泽东指出:"说现在合作社的发展'超过了实际可能','超过了群众的觉悟水平',这是不对的。""应当爱惜农民和干部的任何一点微小的社会主义积极性,而不应当去挫折它。"其次,对于那些支持稳步发展农业合作化运动的人,毛泽东批评了这些人,并指出在农村新的社会主义群众运动的高潮即将来临之时,这些人却"像一个小脚女人,东摇西摆地在那

---

❶ 顾龙生:《毛泽东经济年谱》,中共中央党校出版社1993年版,第346页。
❷ 黄道霞等主编:《建国以来农业合作化史料汇编》,中共党史出版社1992年版,第239页。

第二章 农村合作医疗制度的兴起

里走路"。❶

在毛泽东的倡导下,中央要求各级政府重视发展农业合作化运动,领导必须走在运动的前面,并强调各地要对原来的合作社发展计划进行修改,提高农业社的发展目标。会后,全国上下形成了一种大力发展合作化运动的高潮,因为在当时浓郁的政治氛围下,如果你不认真对待,不跑步前进的话,那就是毛泽东所说的那个"小脚女人走路"了。

1955年10月11日,毛泽东又发出了《农业合作化的一场辩论和当前的阶级斗争》一文,提出了"要使资本主义绝种,要使它在地球上绝种"的口号,要求各地政府重视农业合作化运动,在发展中要"全面规划、加强领导,每个县都要有具体的发展规划"❷。在毛泽东的号召下,各地开始快速发展合作社,纷纷较大幅度地调高当地农业发展规划指标。同年12月,北京、上海、河北、天津、黑龙江、吉林、辽宁、热河、山西、安徽、青海等11个省、市都陆续宣布实现初级形式的农业合作化。毛泽东对这些省、市农业合作化运动的发展表现出高度的满意和乐观,在《中国农村的社会主义高潮》的序言中指出:"我在一九五五年七月三十一日所做的关于农业合作化问题的报告中,提到加入合作社的农户数字是一千六百九十万户,几个月时间,就有五千几百万农户加入了合作社。这是一件了不起的大事。这件事告诉我们,只需要一九五六年一个年头,就可以基本上完成农业方面的半社会主义的合作化。再有三年到四年,即到一九五九年,或者一九六零年,就可以基本上完成合作社由半社会主义到全社会主义的转变。"❸

1956年年初,中央政治局在《1956年到1967年全国农业发展纲要(草案)》中,明确指出1958年要在全国范围基本实现高级合作社化。同年2月,在《中央批转江苏省委关于办高级社中应注意事项的指示》中,也提出了在1957年多数的省份要基本实现高级合作社化。就在这时,由毛泽东主持选编的《中国农村的社会主义高潮》一书正式出版,该书在一定程度上也推进了合作化运动的发展,书中指出办大社可以改革生产关系,可以进一步解

---

❶ 《毛泽东选集》(第5卷),人民出版社1977年版,第168—191页。
❷ 《毛泽东选集》(第5卷),人民出版社1977年版,第199—203页。
❸ 中共中央办公厅编:《中国农村的社会主义高潮》(选本),人民出版社1956年版,第2—4页。

放生产力。社越大,其优越性也就越大,互助组可以直接进入高级社,以及高级社不难办等问题。显然,这对于当时已出现急躁倾向的农业合作化运动来说是起了巨大的推动作用。在这种政治大浪潮的推动下,各地纷纷掀起了合作化的热潮,这种现象用农民的话来说是"办社像雨后的春笋,生机勃勃;生产如出笼的包子,热气腾腾"。❶ 到 1956 年年底,参加初级社的农户占农户总数的 96.3%,参加高级社的农户占农户总数的 87.8%,基本上实现了完全的社会主义改造,完成了由农民个体所有制到社会主义集体所有制的转变。

(二) 合作化运动促进合作医疗发展

在合作化运动中,农村社会由个体经济转集体经济,个体农民成为合作社的集体成员。可以说,社会经济的转型和农民身份与地位的转变,促成了合作医疗的发展。学界许多研究者普遍认为农业合作化运动推进了合作医疗制度的发展。如"没有农业合作化运动就不会有农村的合作医疗"(张自宽等,1994),"生产的集体化与医疗的个体支付方式开始产生矛盾"(陈红霞,1995)等。的确如此,合作化运动将土地等主要生产资料的个人所有制变为集体所有,在合作化过程中,传统的一家一户为单位的生产方式及其封闭性的家族社会结构发生了深刻变化,每个成员都成为社会主义集体的农民,农民作为平等的集体一员在超越了血缘、家族关系的劳动集体内生活,与家族外的社会发生广泛的联系。

由此看来,农村社会由分散性向组织性转变,分散的农民被组织在集中统一的国家体系内,成为集体的一名成员,不管他们的生产活动还是生活活动无一不与集体存在密切的联系。农村社会结构的嬗变使合作医疗的产生成为可能,在当时许多农民认为自己入了社,自然都是集体的人,大家一起出工一起收工,生活在集体的大家庭里。在日常的生产劳动中会遇到这样的问题,社员如果生病该怎么办?通常这样的情况只能是向队长请假看病,由于附近没有卫生所,必须到较远的镇上看病,那时农民的生活条件较差,基本上都是步行去镇上就医,通常要花一天的时间,有时更长,实在是不方便。

这种现象在当时农村比较普遍,由于患病难以医治也影响了农业生产,

---

❶ 《为全力巩固提高农业生产合作社,在今年超额完成明年的增产任务而奋斗——李满臣同志在中共长沙县农业生产会议上的发言》(1956 年 1 月 16 日),长沙县档案馆藏,馆藏号:15-1-166。

这成为社员经常讨论的话题。一些农民就反映说既然大家是集体的人了,吃饭、穿衣都是靠集体,那我们有病是不是也可以由集体给解决一下。于是一些村子就建立了保健站,保健站的建立极大地方便了社员看病就医,一旦有病就可以及时到保健站看病取药,费用也不高,一般只收药品的成本费,诊费等劳务费减免,再交5分钱的挂号费就可以。如果是吃中药,医生开好处方后可以自己到药店抓药。由上可知,在农民成为集体的一员后,集体也担负农民所有生活的一切保障。在集体经济制度下,农民希望自己的生、老、病、死等都由集体管。这就是说,在农村社会结构发生改变之后,合作医疗作为一项合作事业,在短时期内得以迅速发展,受到农民的认同和接受。

二、组建联合诊所和农业社保健站

在1953年,国家提出了过渡时期总路线,各项工作的发展都是围绕着总路线的目标展开的。过渡时期中央政府确定国家卫生工作的重点首先是要加强工矿卫生和城市医疗工作,而农村医疗卫生工作的开展则是要和互助合作运动相互结合。在此指示下,伴随农业合作化运动的发展,农村医生开始由个体行医转向联合,在这过程中逐渐出现了联合诊所和农业社保健站两种形式的医疗卫生机构。

(一) 联合诊所

新中国成立初期,国家的政治、经济、文化等各项发展都面临着艰巨的任务,医疗卫生工作也是如此。一方面,国家的医疗卫生资源极为有限。另一方面许多传染病和地方病也尤为肆虐,特别是天花、鼠疫、霍乱、血吸虫病及结核病等,严重威胁着人民群众的健康。以血吸虫病为例,仅新中国成立初期全国就有1 000万患者。❶ 再加上朝鲜战争的暴发,很大程度上加剧了国内经济的困难,而且美国又实施了细菌战,严重威胁着军民的生命健康,使得一些西方人士认为疾病问题也将是人民政府难以解决的严重困难之一。❷

如何发展国家的医疗卫生事业成为新政府工作的一项重要议事。由于医疗卫生资源匮乏,特别是医疗卫生人员的极度缺乏成为阻碍医疗卫生事业发

---

❶ 《关于农村卫生建设问题》,《人民日报》,1950年7月25日。
❷ 程之范:《中外医学史》,北京医科大学、中国协和医科大学联合出版社1997年版,第146页。

展的一个重要瓶颈。据统计,新中国成立初期全国的医务人员仅有"一万八千至两万名西医,三百多名牙医,二千多名药剂师,一万三千名左右护士和一万名左右助产士"❶,并且这些医生大多分布在城市,占人口总数超过80%的农民处于贫病交困之中,缺医少药成为常态。

基于此,卫生部认为仅仅依赖当时有限的公立医疗机构是远远不够的,要积极争取和团结一切可能的卫生力量投身于国家卫生事业的发展中,而一些在社会上分散的私人卫生人员及私人医疗机构是应该争取过来的。1950年4月14日,卫生部发出《关于1950年医政工作的指示》(以下简称《指示》),主要对卫生机构的恢复、建立,以及整顿现有的组织编制、卫生人员管理、中西医团结等问题进行了具体的安排。《指示》强调要对一些卫生组织及人员加强管理,要求"各级卫生医疗机关,应领导当地卫生医药工作人员,加强中、西医生的团结合作,并发动他们参加政府工作,或促使他们组织半合作性质的联合医院、诊所、药房以及医疗联合社等,在团结的基础上,扩展卫生事业,并酌情采取医药联合会、联谊会、卫生医药工作者协会等方式主动地去争取、团结"。❷

1950年8月24日,在召开的中华全国自然科学工作者代表大会上,周恩来做了《建设与团结》的报告,明确指出要发扬集体合作精神,团结私人开业医生,强调"我们国家今天的财力有限,不能立刻建立那么多的医院,因此还需要私人开业的医生的帮助,他们对国家对人民是有益的",因此,"无论是私人开设诊所的医师,或是在私人工厂中服务的工程师,今天都是需要的","今天我们强调集体合作"。❸

1951年4月4日,卫生部在发布的《关于医药界团结互助学习的决定》中再次强调要联合中医,并要求"各地卫生机构应动员经过进修与训练的中医参加预防工作"。❹ 随后,再次发出了《关于组织联合医疗机构实施办法》,

---

❶ 《中央人民政府卫生部李部长在第一届全国卫生会议上的报告》,《东北卫生》,1950年,第405—411页。

❷ 《云南省人民政府关于1950年医政工作的指示》,《云南政报》1950年第3卷,第168页。

❸ 当代中国卫生卷编委会编:《当代中国卫生事业大事记(1949—1990)》,人民卫生出版社1993年版,第11页。

❹ 当代中国卫生卷编委会编:《当代中国卫生事业大事记(1949—1990)》,人民卫生出版社1993年版,第18页。

指出联合医疗机构的组织可以分为私人和公私两种联合形式,他们的主要任务是:"在指定的公立医疗机构的协助下,建立分工合作关系,负责当地的医疗预防工作,并可与当地工厂、机关、学校建立医疗委托关系。"❶ 从上述各种文件中可以看出,基于国家薄弱的卫生国情之现实需要,中央政府很重视组建联合诊所、联合医院等联合医疗机构,并把它们作为公立卫生事业的重要补充。

联合诊所的发展经历了三个阶段。1950 年,在国家提倡个体开业医务人员组织起来的方针下,一些医师(特别是经过进修的中医师)开始酝酿联合起来开办诊所。1951 年,卫生部提出要适度发展合作性质的联合诊所,并发出《农村卫生基层组织工作具体实施办法》和《关于组织联合医疗机构实施办法》等文件,要求各地卫生行政机关要给予适当的鼓励、指导以及扶助,动员个别开业的医务人员组织联合医院或联合诊所,使他们成为公立医疗机构的助手。1953 年,伴随国家"一五"计划的实施,各地联合诊所的发展也推向了高潮。在国家的号召下,原来一些曾犹豫的个体开业医生在新形势的影响下纷纷要求组建联合诊所,他们以自愿为中心,通过自筹资金、自我管理、自负盈亏、合作办医的原则组建联合诊所。到 1958 年,随着人民公社化运动和工农业"大跃进"的深入,医疗卫生工作也进入"大跃进"。许多联合诊所要求实行更大组织规模的联合。在农村,一些联合诊所和区卫生所、部分开业医生组织起来,转变为公社卫生院或公社保健站。这种大联合的医疗机构成为基层卫生保健的重要力量,使农民小病不离街道和大队,看病取药都很方便,成为基层卫生保健网的主要部分。

可以说,联合诊所的组建在当时对于缺医少药的广大民众来说,在一定程度上保障了他们的基本健康。如天津西郊区王顶堤乡农民李王士的母亲患有半身不遂,八里台中医联合诊所的王子久和张方舆大夫就积极为其进行医治,他们参考了许多医书进行研究,在用药物治疗外还施行针灸治疗。经过一个月的治疗,病人就痊愈了。❷ 许多农民称赞说:"共产党为人民,小小医

---

❶ 当代中国卫生卷编委会编:《当代中国卫生事业大事记(1949—1990)》,人民卫生出版社 1993 年版,第 22 页。

❷ 《天津三区针灸联诊所和八里台中医联合诊所为许多病人解除疾病痛苦受到群众欢迎》,《人民日报》,1954 年 9 月 3 日。

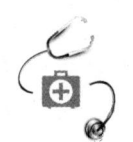

院遍基层，花钱少，住院近，真是人民大福音。"到 1956 年，在全国范围内由私人开业医生组织的联合诊所由 1950 年的 803 个发展到 61 000 多个。❶ 其中山东省在 1953 年有中医联合诊所 350 所，到 1957 年发展为 6 762 所，拥有 30 000 医务人员，13 000 名个体开业医生，基本上每个区都有卫生所，每个乡都有联合诊所。❷

联合诊所是一种由医务人员自愿集资、联合创办的卫生医疗机构。在建立之初，许多人弄不清楚它的性质。有的人认为它是一种民办公助的合作社性质的机构，有的人认为它是联营的社会福利事业，也有的人认为是合股经营的私人企业，甚至还有人认为它是从个体经营经过集体经营转为国家经营的桥梁。❸ 尽管联合诊所是由政府提倡组建的，但对其性质和任务需要有一个明晰的界定，才能更好地发展这种组织。1955 年，全国文教工作会议上将联合诊所定义为"由独立脑力劳动的医务人员自愿组织起来的合作社性质的社会福利事业"。❹ 1957 年 8 月，在卫生部《关于加强基层卫生组织领导的指示》中指出联合诊所是一种城乡基层卫生组织中的重要形式，它属于"社会主义性质的卫生福利机构"。❺ 1962 年 8 月，卫生部在《关于调整农村基层卫生组织问题的意见（草案）》再次强调联合诊所是在国家和公社（大队）的扶植下，由医务人员联合举办的"社会主义性质的卫生福利事业"，它实行的是一种"看病收费、独立核算、民主管理、自负盈亏、按劳分配"的原则，并且它的"人权、财权、管理权属于医生集体"。❻

联合诊所的类型也是多样的，依据其成员类别和业务范围来分，主要包括西医联合诊所、中医联合诊所、中西医联合诊所以及各种专科联合诊所等。❼ 依据其构成来分，主要包括社会开业医联合组建的全区性的中心联合诊

---

❶ 钱倍忠：《中国卫生事业发展与决策》，中国医药科技出版社 1992 年版，第 53 页。
❷ 庞新华：《山东省农村合作医疗制度的历史考察》，山东大学硕士学位论文，2005 年。
❸ 《章原：北京市联合诊所的发展和存在的问题》，《人民日报》，1955 年 1 月 8 日。
❹ 《全国文教工作会议闭幕》，《健康报》，1955 年 6 月 17 日。
❺ 《中华人民共和国卫生部：卫生部关于加强基层卫生组织领导的指示》，《中华人民共和国国务院公告》，1957 年 35 卷，第 746 页。
❻ 《卫生部关于调整农村基层卫生组织问题的意见（草案）》，选自卫生部基层卫生与妇幼保健司编《农村卫生文件汇编（1951—2000）（内部资料）》，第 274 页。
❼ 专科性的联合诊所是指眼科、牙科、骨科、针灸等专科门诊。

所、公私联合（以区为单位将原有区卫生所与联合诊所合并）、小型的自由联合（不设分诊所，一般由4~10人组成），以及乡（社）卫生站（逐渐变成社办卫生站）、常年医生站、地段医院（将联合诊所扩大为医院）等类型。联合诊所的成员主要包括中医（他们多是经过进修的中医）、西医、护士、助产士、药剂员、财务人员等，医务人员主要采用全脱产、半脱产或轮流坐班的方式开展业务工作，主要的工作范围是在划区内进行卫生防疫工作、为居民提供医疗保健服务、协助训练农业生产合作社的保健员、接生员以及帮助他们开展工作等。

如前所述，联合诊所成立的主要原因是新中国成立初期我国基层医疗卫生人员极度匮乏的现实之需。成立之后的联合诊所不仅为广大群众开展医治工作，在卫生宣传及防疫方面也进行了大量的投入。1956年6月，卫生部强调要加强基层卫生工作的宣传，指出实现消灭危害人民最大的疾病和消除"四害"的目标。动员广大人民群众要了解卫生工作的方针政策，并掌握消灭疾病、除"四害"等科学知识和方法。基于此，许多联合诊所结合当地爱国卫生运动积极进行卫生宣教工作，主要宣传新法接生、新育儿法、妇女节育和避孕等知识。一些联合诊所还联合红十字会、科学技术普及协会等合作开展卫生知识的普及，通过图片、小册子、报纸、刊物以及展览、广播、相声、戏剧等方式进行宣传。

卫生防疫也是联合诊所开展的一项重要工作。新中国成立初期，传染病对广大人民群众的健康造成了极大的危害。以广东省为例，仅1953年就有18种传染病发生，许多人因此受到传染。因此，国家动员大力开展卫生防疫工作。1950年，中央政府在工作计划中就提出新中国卫生工作的任务是提高人民的健康水平，而保证生产建设及卫生建设的总方针应以预防为主，其中首要的任务就是防止主要传染病的流行。为了加强卫生防疫工作，1950年2月卫生部又发出《关于开展军民春季防疫工作给各级人民政府及部队的指示》，要求广大卫生人员均应参加政府的防疫工作，军队更需抽出一部分人力进行防疫工作；各地要组织巡回防疫队，大力开展预防疾病宣传教育。在此动员下，从中央到地方都成立了各级防疫机构，派出各种防疫队开展工作，也包括人民解放军派出的防疫队参加防治工作。但是有限的卫生人员以及卫生防疫工作的艰巨，原有的医疗机构和人员不能保证防疫工作的顺利开展。因此，

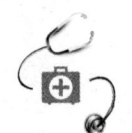

组织动员联合诊所参加卫生防疫工作是非常必要的。

基于此,各地卫生部门都积极组织联合诊所的医师进行卫生防疫,主要开展防疫注射及种痘、疫情报告、防疫救灾等工作,在工作中这些医师不仅热情负责,还熟识注射技术,并且经常组成流动注射站深入基层为群众进行注射,成为基层卫生防疫和治疗工作的主要协助力量。据统计,在广东省就有大概3 200万人口的防疫注射工作是由进修结业的联合诊所的中医师们进行的。❶

此外,还有一些联合诊所组织医疗队深入乡村开展巡回医疗,这些医师们到田间地头为农民送医送药,进行预防注射,协助当地的卫生员开展农村卫生宣传工作,保障了农民的健康,支援了农业生产。如1951年冬至1953年年初,广州市就有一些联合诊所的中医师们组织起来先后参加了粤西和海南区的医疗预防队,并且有的人还成为医疗队的主力人员。

在联合诊所的发展中也存在一些问题,由于这些从业医师来自不同的地方,他们自身的文化素质和业务能力也不同,并且一些诊所的管理制度不健全,有的还追求经济收入,缺乏为人民服务的思想,再加上有的卫生行政机构缺乏对联合诊所进行管理和教育,导致各地的联合诊所或多或少出现了种种问题。主要表现为:其一,收入分配和财务管理缺乏制度管理,出现混乱现象。联合诊所成员的收入参差不一,结果有的医生嫌钱少就不愿干了,回家私自开业,这造成了不好的影响。不仅影响了诊所业务的开展,也破坏了成员之间的团结,不能发挥较好的工作积极性。其二,药品管理混乱,收费也不合理。为了谋取更多的私利,一些诊所从黑市购入大量西药并多收医药费,一些诊所乱收费,不按国家的标准收费,提高处方收费,并擅自提高药物价格,甚至滥用贵重药品。还有一些中医没有经过进修或者对西医西药不懂,却滥用西药,等等,这些现象引起群众的不满。其三,部分诊所医师的技术水平不高,看病不认真,用药也不负责,导致治疗效果不佳。还有一些护理人员缺乏专业知识和技能,态度也较差,导致人们对联合诊所产生意见,使其信誉下降。其四,一些联合诊所没有相关的管理制度,缺乏对医务人员

---

❶ 《广州市人民政府卫生局中医科:有关广州市第一届中医代表会议的一些材料》,广州市档案馆,目录号:176-46-78-8。

的管理。由于没有严格的规章制度使一些诊所纪律松散，医生不认真工作，对患者态度不好，师徒关系不和谐，内部成员不团结，甚至出现相互排挤现象。其五，联合诊所的成员有限并且较为集中在城市。一些联合诊所的医务人员较少，不能及时进行医治，耽误患者的病情，并且大多数联合诊所多集中在城市，对居住分散以及偏远地区的农民来说，看病还是很不方便。这种情况在当时也较为普遍，不仅影响联合诊所更好地为群众进行医治，也影响了其自身的发展。

针对联合诊所出现的种种问题，卫生部门也很重视，进行了一些整改。1957年4月，卫生部召开专门会议提出要加强基层卫生组织的领导，并有计划有步骤地对基层卫生组织进行整改。整改的主要措施包括：树立医务人员为人民服务的思想，提高思想觉悟，加强思想政治教育；建立联合诊所管理委员会，加强对联合诊所的业务管理、制度管理等；加强对诊所财务的管理，完善收入分配，实行严格的财务管理制度，参照国家卫生技术人员及卫生行政人员工资等级标准，根据各地的实际情况合理分配诊所成员的工资收入；提高医务人员的业务水平；等等。

为了提高诊所医务人员的医疗技术水平，许多联合诊所和当地的公立医院建立业务指导关系，定期组织医务人员进行业务知识和技能的培训，一些较大的医院还主动帮助诊所解决治疗中的疑难问题。各地的中华医学会、中医学会等卫生团体也积极响应，举办各种形式的培训班，为诊所的医生、护士以及财务人员等进行业务和技能方面的培训，协助提高诊所的技术水平和管理能力。如北京中医学会的联合医院（诊所）委员会，就经常组织各联合诊所进行各种交流，帮助提高他们的业务水平和管理能力。

总之，联合诊所的建立是整合了基层的医疗卫生资源，有效地缓解了当时国家医疗卫生力量不足的现状。联合诊所通过以集体筹措开办资金，以自负盈亏经营模式进行医治，不仅为广大民众提供了基本的医疗服务，还保证了国家有限卫生经费有效解决新中国成立头十年国家医药卫生工作中的关键问题，特别是对重大传染疾病的防治，联合诊所的中医师们在防治中发挥了重要作用，他们几乎承担了天花、鼠疫等传染病的所有防疫注射工作。

联合诊所与农业社保健站和公社卫生院成为我国农村基层卫生组织的三种基本形式，它减轻了国家和公社（大队）的负担，能够适应农村当地的经济现状，为缓解农民缺医少药，为农村开展卫生防疫，保障农民健康起到重要的作用。但是联合诊所这种模式也存在一定的局限性，由于是把分散的个体医生集中在一起，仍然没有改变传统的求医问诊模式，不能长期有效解决广大农村缺医少药的问题，一旦农村社会经济结构发生变化，联合诊所的不足之处就较为突出了，导致诊所也必然发生变化。

（二）农业社保健站

联合诊所是一种由"合作制"或"群众集资"方式举办的基层卫生组织，大都是民办公助的合作办医，它是不具备保险性质的医疗保健制度。严格来说，真正具有保险性质的合作医疗制度，则是伴随1955年农业合作化运动中出现的一种由农业生产合作社组建的保健站。

早在战争年代，农村就采用"合作制"或"群众集资"的办法开展医疗卫生工作。抗日战争时期，陕甘宁边区就组建了医药合作社，它是一种民办公助形式的医疗卫生机构，主要采取中西医合作的方式行医。到1946年，边区就成立了43个卫生合作社，其中有两个兽医社。❶ 这种形式的卫生合作社缓解了战争年代农村缺医少药的现状，帮助农民解除疾病之苦，保障战争的顺利，受到边区人民群众的欢迎。

解放战争时期，为了推进战争胜利，许多解放区还组建了一些群众性的医药合作组织，它们主要是以民办公助形式发展的医药合作社，主要分布在县、区、乡之中。医药社的工作不仅为解放区的群众进行治病防病，还要为战争调剂供应所需的药材。一些医药社还组织学习班，为当地培训医务工作者，开展业务学习，以及指导规模较小的医疗卫生机构开展业务。合作社的基金大都来自区、村合作社或私人入股。如山东就有一些发展得较好并在当地有一定影响力的医药合作社，如山东大药房、临沂卫生合作社、沾化县卫生医社、莱阳胶东大药房等。❷

新中国成立初期，我国农村缺医少药状况依旧严重，许多农民因为常年的疾病困扰而不能正常开展生产甚至病亡。在这种现实的需要下，一些地方的农民受"借工""互助"的启发就自己组织起来，组建一些民办公助，具

---

❶ 张自宽：《对合作医疗早期历史的回顾》，《中国卫生经济》，1992年第6期。
❷ 山东省卫生志编纂委员会编：《山东省卫生志》，山东人民出版社1992年版，第508页。

第二章 农村合作医疗制度的兴起

有互助共济性质的医疗机构,以保障他们的基本健康。具体来说,就是由各家各户出点钱或者物,共同筹措一些资金和物品,再从当地找 1~2 个熟悉的乡医组建村子的卫生(医疗)站。所找的这些乡医基本上是大家比较熟知的,他们和农民之间有过往来,彼此比较信任,为一个或几个村的农民看病治疗。医疗站通常为社员看病时免收挂号费、出诊费、注射费、换药费等,只是收取少量的药费。

1950 年前后,我国东北地区就有一些农民采用上述方式组建乡村的医疗服务站,它们的名字不一,有的地方叫"集体保健医疗",有的叫"统筹医疗",也有的叫"合作医疗"。尽管名称不一,但它们的性质是相似的,基本上都是通过农民共同集资筹建的一种具有互助共济特征的医疗机构,为当地的农民看病就医提供了不少的便利。据统计,在 1952 年,仅东北地区就有 1 290 个乡村医疗站或卫生所,其中由合作社经办的有 85 个,由群众集资组建的有 225 个,二者合计占整个东北农村卫生所总数的 17.44%。还有在原热河省和松江省的一些农村地区,由于当地的经济状况比较困难,一些群众就以鸡蛋、土豆以及粮食等实物的形式入股集资,组建了一些医药合作社来为农民进行医治。❶

上述的医药合作社或医疗站基本上是属于具有合作性质的医疗保健机构。真正具有一定保险性质的合作医疗保健机构是在农业合作化高潮中出现的农业社保健站。1955 年,随着农业合作化运动的发展,河北、河南、山西等农村出现了由农业生产合作社举办的医疗保健站。如河南省正阳县王店乡办起了我国第一个具有集体所有制性质的保健站。同年 5 月 1 日,在联合诊所的基础上,山西省米山乡也建立了联合保健站。随后,一些农村也纷纷建立了保健站,如湖北麻城县、河南登丰县城关镇、正阳县城吕河店、贵州义兴县靖南公社等,它们都是依托集体,由集体与个人共同出资建立的一种互助互济的集体医疗保健站。需要指出的是,1956 年 6 月,在全国人大三次会议上通过的《高级农业生产合作社示范章程》中,第 51 条首次明文规定赋予国家集体给农民治病的职责,指出:"合作社对于因公负伤或因公致病的农民群众

---

❶ 张自宽:《对合作医疗早期历史的回顾》,《中国卫生经济》,1992 年第 6 期。

要负责医治，并且酌量给以劳动日作为补助。"❶

为什么联合诊所会发展成为具有保险性质的保健站呢？如前所述，合作医疗制度是随着农业互助合作化运动的兴起逐步发展起来的，在这个过程中农民看病就医的需求和条件都发生了变化。我们以山西米山乡为例进行分析。在1954年下半年，随着农业合作化运动的发展，米山乡的农业集体化形势也逐渐高涨，当时米山乡已经有67%的农户参加了初级农业生产合作社，入社后他们的收入得到增加，比1953年提高了55%，并且合作社也积累了一定数额的公益金。❷ 在这个新的经济基础上，一些农民认为如果能够在村子建立医疗卫生站，使他们一旦有病就能够及时就医，不仅解决了看病就医的难题，也能减少外出看病的时间，促进生产。这种想法也得到上级组织的支持，在此情形下，米山乡组建农民自己的保健站就成为可能。

此外，联合诊所在发展中自身的一些落后性也逐渐突出，对农民新的医疗需求远远不能满足。特别是随着农业合作化生产高涨的时候，这种矛盾是越发地突出。如前所述，联合诊所是完全依靠业务收入来维持其自身的发展，诊所医生的工资和诊所的收入有一定的关联，一旦病人减少，联合诊所的收入就会减少，难以维持正常的开业运营，而且医生的收入也会减少。显然，联合诊所的运行机制与农民少得病或不得病的愿望是不一致的。因此，虽然联合诊所也是以自愿组织原则组建的一种具有合作社性质的社会主义卫生福利事业，但是它的性质却是要用看病买药的收入来维持其经营，并且医生的工资也和诊所收入直接挂钩，这些无疑局限了它的发展，如米山乡的私人联合诊疗就有资本主义经营倾向，他们抵触国家"预防为主"的方针，把群众生病当成自己发财的好机会，常常是小病大治，轻病重治，如盘尼西林1支9角而他们卖2.4元。群众说他们是"三年不开市，开市吃三年"。❸

尽管在一定时期联合诊所也有利于国家医疗卫生工作的开展，但是长久来看，它的一些弊端不能满足农民对医疗卫生的保健要求。而且随着国家在农村广泛开展爱国卫生运动，有效的预防措施使原来农村广泛流行的一些传

---

❶ 《高级农业生产合作社示范章程》，法律出版社1956年版，第27—28页。

❷ 《米山乡、下冯庄、南朱庄关于成立农业生产合作社联合卫生保健委员会及开办农业生产合作社联合预防医疗保健站计划方案》，高平县档案馆馆藏，档案号：59-2-9。

❸ 《高平县米山乡保健站是如何一步一步提高与巩固的》，高平县档案馆馆藏，目录号：1-13-1。

染病、地方病逐渐减少或被控制住了,这些现象在一定程度上也影响了联合诊所依赖看病卖药获得收入来维持开展业务,一些联合诊所在合作化的大潮中逐渐出现了业务不景气。而农业社会主义改造胜利的高潮又促使广大农村医生在1955年下半年社会主义农业合作化高潮中积极要求走集体所有制的道路。

还有,部分联合诊所的医生分布也不均,并且他们拒绝私人行医,使诊所难以维持。联合诊所的医生大多在公家的医疗卫生机构中,并且他们又经常在县乡,一些技术水平较高的医务人员则多集中在城镇繁华地区开业。在广大农村特别是偏远地区几乎没有卫生人员,一些居住分散及偏远山区的农民一旦患病,看病就医非常艰难,由于经常没有医生,一些农民为此还耽误了疾病的治疗。尽管有一些地方的卫生部门组织当地联合诊所的医务人员到偏远农村开展送医送药活动,但是这些行为远远不能解决农村长期缺医少药之困境,特别是随着农业合作化生产的发展,农民生产的积极性高涨,纷纷投入紧张的农业生产中,这就更加需要在家附近的地方能够看病就医,不仅不耽误生产,而且可以保障他们的健康。

再有,联合诊所个体行医的方式也不适应发展。拒绝私人行医也是联合诊所一个特有的行医方式,通常诊所医生外出看病时大多是几个人共同出诊,这使传统的个体行医的求医问诊模式受到影响,不能及时有效地为广大农民看病。因为联合出诊的医生每到一地,由于有中医和西医,他们的治疗方式不同,诊断的结果也不同,经常会为诊治的结果争论不休,再加上还要实现盈利,药价也比较高,就会出现不仅不能及时医治好农民的疾病,而且要农民负担高额的药费,时间长了,农民对他们的意见就很多,也不愿再去找他们看病了,这样自然会影响诊所的经营收入,一些诊所常常出现这样的现象而陷入资金收入困难。其中,山西米山乡的联合诊所就存在这样的问题,在1954年开业后仅一年就赔了500元,到1955年就不得不关门停业。❶

基于联合诊所存在的一些问题,在农村社会形势的发展下,一些联合诊所也逐渐改建成为农业社保健站。其中,比较有名的是山西米山乡联合保健

---

❶ 《高平县米山乡保健站是如何一步一步提高与巩固的》,高平县档案馆馆藏,目录号:1-13-1。

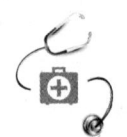

站，它是由原来的米山乡联合诊所改建的。❶ 1955年我国农业合作化运动进入高潮，全国范围弥漫着社会主义建设的热情，农业集体化的发展形势推动了米山乡分散的医疗资源走向集中合作。在这一年，米山乡的880户农民中成立了6个农业社，其中包括408户共2 031人，入社户数占总数的47.5%。❷在此影响下，分散的医疗资源与集体化形势也格格不入，一些联合诊所纷纷改组。

1955年5月1日，米山乡正式组建了联合保健站。保健站共有9名成员，其中正、副站长各1名、2名中医、1名西医、1名司药、1名医助、1名练习生及1名会计。主要工作范围包括：一是开展卫生防疫工作。针对农村地区广为流传的天花、麻疹、痢疾、肺炎等疾病进行主动预防，加强对传染源的控制，采取有效的措施进行治疗。二是开展妇幼保健工作。建立妇婴接生站，推广新法接生，培训新法接生员，保障妇幼的生命健康。三是进行卫生宣传，改善环境卫生。为农民进行卫生知识的宣传，普及他们的卫生意识，改善农村的环境卫生，如整修厕所、清除垃圾、井台加高加盖、帮助人畜分家改建等。为了保障这些工作能够顺利开展，保健站还制定了各项制度，如工作制度、学习制度、会议制度、汇报请示制度等。

米山乡保健站具体的运作方式是由社员每人每年纳5角钱的保健费，社员在看病时免收挂号费、出诊费，药费则是按10%加收利润。以1955年为例，全乡18个社共有4 651名社员，全年的保健费为2 325.5元，分夏秋两季缴纳。对于一些非社员以及社外的手工业厂矿等人员，他们的医疗费用都是按政府规定收取。1958年人民公社化后，许多农业社保健站就改为大队卫生室。到1960年，米山乡各生产大队几乎都创办了合作医疗，大队都建立了村卫生所。如1958年孝义村成立卫生所，1963年河东村、石嘴头村以及东缮村都成立了卫生所，1965年下冯庄成立卫生所，1969年上冯庄成立卫生所，比较偏远的郭村在1966年也成立了卫生所，侯家庄、司家庄、井则沟也随后相继成立了卫生所。❸

---

❶ 山西省卫生厅：《山西农村卫生工作》，山西人民卫生出版社1960年版，第17—18页。

❷ 《米山乡、下冯庄、南朱庄农业生产合作社开办联合医疗预防保健站计划草案》，高平县档案馆馆藏，目录号59-2-9。

❸ 山西省地方志编纂委员会：《米山中心卫生院志》，山西人民出版社2005年版，第101—116页。

第二章 农村合作医疗制度的兴起

河南正阳县王店乡团结人民公社的保健站也很典型，它也是由集体共同创办的带有保险性制的保健站。1955年，团结公社建立了保健站，他们的具体做法是：一是参加合作医疗的公社社员每人每年分两季共交纳1.8元的医疗费，由公社统一管理。对一些生活困难无力缴纳的社员以及常年患病需要吃药的社员，如五保户，可以由公益金进行适当的补助。二是社员看病治疗不收取挂号费等，药品只收取一定的利润，所得的医疗费中有70%用于购买药品及医疗器械，30%则用于医生开支及其他杂项。三是在医治时小病基本上用中医单方，尽量多使用普通的药物，严重的疾病可以用较贵的药物治疗，对于一些患重病的社员不能进行医治，可以转院进行治疗，医疗费用由公社负担，但住院费及伙食费则由患者负担。❶

福建省闽侯县在1955年年底也成立了农业社保健站，他们的做法则是以农业社为单位共同筹措资金。基金主要来自两部分，一是由农业社出大头，二是由社员出小头，并且农业社分担的基金从公益金中提取，这样的筹资方式比较适合当时农村经济的实际情况，它不仅减轻了社员的经济负担，也满足了看病就医的需求。保健站的医务人员主要有保健员、接生员、保育员，他们的薪酬实行记工评分补贴制。随后，龙岩、霞浦、漳浦等县也先后建立了农业社保健站，基本上也是学习闽侯县的方法。到1957年，福建省共有49所农业社保健站，并且大多数资金由农业社负担，每个社员每月只用交5分钱就可享受部分医疗费的减免。❷ 这种方式使广大社员的健康得到了保障，受到他们的称赞。

农村保健站是一种具有社会主义性质的农村基层卫生组织，从上述几个典型来看，基本上保健站的经费由社员集资、农业社公益金等共同筹集而来。医生的待遇依据按劳取酬的原则，依据他们的治疗水平、服务态度等方面来考察，并由社、乡干部及社员共同评定，这样的医疗方式不仅促进医生认真工作，有助于保健站的开办，保健站还要担负开展农村卫生防疫及群众爱国卫生运动等工作，在当时是一种较好的农村医疗卫生组织。

---

❶ 中共河南省委农村工作部办公室编：《高举人民公社红旗前进的河南农村》，河南人民出版社1958版，第83—84页。

❷ 福建省地方志编纂委员会：《福建省志·卫生志》，中华书局1995年版，第229页。

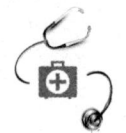

三、米山保健站

米山保健站是我国农村实行合作医疗制度的雏形,作为全国农村医疗保健站的一个缩影,它们的做法成为一种经验,在当时具有一定的影响力,成为广大农村效仿的典型。米山的具体做法如下:其一,在乡人民委员会(乡政府)的领导下,由农业合作社、社员群众以及部分医生共同筹集资金建站,经费主要包括农民缴纳的保健费、农业社公益金以及业务收入和药品利润。其二,依据自愿原则,每个农民每年交纳一定的保健费,享受一定的医疗保健服务,免收挂号费、出诊费等。其三,保健站积极开展"预防为主",挂签治病,巡回医疗,送医送药上门,医生分片负责所属村民的卫生预防和医疗工作。其四,医生的工资采取记工分与发补贴结合的方式。

米山保健站的做法之所以成为米山经验,成为全国农村医疗卫生系统学习的目标,在广大农村得以推广,这离不开国家层面自上而下的关注和社会媒体的各种宣传。首先,各级领导人多次到米山考察,有卫生部以及地方卫生部门,他们进行指导、表彰以及题词等,这种自上而下的关注使米山医疗卫生名声逐渐大震,成为全国各地合作医疗的学习典型。山西省卫生厅也及时总结推广了米山民办保健站的经验,明确指出这是一种社会主义性质的新型农村基层卫生组织,是贯彻"预防为主""服务生产"的最好组织形式,它既适应农业合作化大生产的要求,也符合多快好省地建设社会主义总路线。❶

1955 年 11 月,在卫生部副部长徐运北的带领下,由卫生部以及山西省卫生厅等组成了联合调查组到米山乡进行考察。通过调查,米山经验得到了充分的肯定。❷ 调查组认为米山保健站是一种"初步实现了走上集体化农民'无病早防,有病早治,省工省钱,方便可靠'的理想,为农村的预防保健工作建立了可靠的社会主义的组织基础"。❸

---

❶ 山西省卫生厅:《山西农村卫生工作》,山西人民卫生出版社 1960 年版,第 19 页。

❷ 据前卫生部官员张自宽的回忆,这次调查是他们第一次正式地接触合作医疗的例子,卫生部和国务院都是肯定了的。参见:张自宽:《亲历农村卫生六十年——张自宽农村卫生文选》,中国协和医科大学出版社,2011 年版,第 564 页。

❸ 山西省卫生厅:《山西农村卫生工作》,山西人民卫生出版社 1960 年版,第 17 页。

尽管米山的医疗实践被称为"集体医疗"而非"合作医疗",但是二者的实施方式并没有本质的差异,因此被调查组视为"第一次"合作医疗的实践。

此外,这次调查还总结了办农业社保健站有三大好处:一是多方集资建站,有利于发展农村卫生事业。二是建立集体保健医疗制度,可以有病早治,无病早防,有利于保护农民健康。三是部分地冲破了医生的经济来源完全依赖于治病收费的旧模式,为解决医疗和预防的矛盾创造了条件,以实现预防为主的医疗方针。这种官方的评价在当时是一种很高的肯定,成为一种典型被推广。

随后,米山模式被戴上了政治的光环成为各地效仿的典型。1957年10月22日,山西省卫生厅授予米山乡联合保健站锦旗,称赞他们"充分发挥集体作用,为消灭疾病增进社会健康而努力"。1959年11月,国家卫生部部长李德全在省委书记陶鲁笳等陪同下视察米山。1960年6月1日,全国文教群英会授予米山卫生保健站"农业社会主义建设先进单位"称号。1963年10月,华北局书记李雪峰也来到米山保健站考察。在20世纪70年代,全国各地更是有各种组织不断地来到米山乡进行考察、参观和学习。这些行为表明在当时地方传染病肆虐,广大农民长期缺医少药,健康得不到保障,而国家有限的卫生资源又无力解决农村实际情况之下,卫生保健站的做法是适应当时中国农村的实际,能够解决农村医疗困境的一种有效办法。在卫生部肯定了米山乡的经验后,米山乡的做法在全国部分地区得到推广。

其次,报纸、广播等新闻媒体的宣传报道对米山经验的推广也起着十分重要的推动作用。1956年3月15日,《山西日报》转发了《山西省人民委员会关于建立农村保健站的指示》,要求各市、县等卫生机构采取有效措施宣传和推广米山保健站经验,并且依照他们的做法分别在9月、12月底以前,协助有条件的农业生产合作社组建保健站。同时还发表关于《农村基层保健组织的发展方向》的社论,详细介绍米山的办站经验,大力宣传米山经验的先进性。

1972年6月24日,《健康报》发表《充分发挥公社医院在合作医疗中的作用》一文,介绍米山落实"把医疗卫生工作的重点放到农村去"的情况,并大力宣传米山在大办合作医疗时解决经费、培训医生及进行思想建设方面

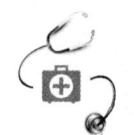

的先进经验等。1973年4月29日,《人民日报》也介绍了米山公社卫生院在帮助大队巩固合作医疗方面的具体措施。

最后,通过举办现场会及展览的形式进行宣传。集体化时期,举办现场会及展览是一种较为广泛的政治宣传方式。1963年,在米山召开了高平县医药卫生现场会议,会上将米山经验概括为"发动群众、人人动手、户户动员"。1965年3月19—23日,高平县组织米山公社现场医疗卫生会议,全县有212名医疗卫生工作者及积极分子参加,会上卫生局局长张文藻号召全县医疗卫生系统的单位和人员向米山学习,并提出了学习米山经验的4条口号,即"全心全意为社员和贫下中农服务""艰苦奋斗,勤俭办站""活学活用毛主席著作和外地先进经验""加强党的领导,站长以身作则"。大会还树立了一些卫生模范,如米山的李水旺站长、业务站长贾光甫、护士张振山等人,通过介绍他们的先进事迹,号召广大医务工作者向他们学习。

1973年9月19日,米山卫生院办起了合作医疗展览馆。通过把办站的经历以及各类事件放置于特定的时空,进一步将米山保健站加以形象化和可视化宣传。这个展览在当时引起了很大的轰动,全国各地的卫生机构纷纷组织来米山参观学习,并在米山召开现场学习会议,通过参观米山展览馆、讲述米山故事、讨论米山经验、学习米山模范,让米山经验更生动、更直观地成为各地学习的典范。

在米山经验的影响下,全国各地纷纷组建医疗保健站。据统计,到1956年,全国由私人开业医生组织起来的联合诊所、乡卫生所从1950年的803所发展到51 000所以上。以集体经济为基础,由合作社举办的互助共济的集体保健医疗站也发展到10 000余个。❶ 到1958年,合作医疗覆盖率也开始快速提升,全国行政村(生产大队)举办合作医疗的比重也达到了10%。这些也反映了在米山经验的典型化过程中,米山的做法与国家医疗政治实践密切结合,米山经验才被纳入国家乡村社会改造工程中,米山的联合保健站及合作医疗的经验在全国一些地区被推广。❷

---

❶ 徐杰:《对我国卫生经济政策的历史回顾和思考》,《中国卫生经济》,1997年第10期。
❷ 王绍光:《学习机制与适应能力:中国农村合作医疗体制变迁的启示》,《中国社会科学》,2008第6期。

第三章
农村合作医疗制度的发展

第三章 农村合作医疗制度的发展

第一节 "大跃进"和人民公社化运动的推动

集体化时期农村社会制度的重大变革都离不开政治运动的推动,合作医疗的形成和发展也是如此。1958年5月,在中共第八次全国代表大会第二次全体会议上通过了"鼓足干劲,力争上游,多快好省地建设社会主义"的社会主义建设总路线。随后,相继发动了"大跃进"和人民公社化运动。在此影响下,合作医疗制度也得到了一定的发展,特别是人民公社化运动的兴起为合作医疗制度的形成提供了重要的体制基础。

一、"大跃进"和人民公社化运动

个体农户在农业合作化运动中被组织起来。到1956年4月,全国入社的农户占总农户数的90%。在高级社中,不仅土地归集体所有,而且农具、耕牛以及种子等基本上都归集体所有,人力、畜力、物力、资金由集体统一管理使用,取消了土地分红,实行按劳动得工分,统一分配收入,形成了社会主义性质的集体所有制。

1957年9月,中共八届三中全会在北京举行,这次会议的主题是批评"反冒进",同时也揭开了农业"大跃进"的序幕。伴随之,"人有多大胆,地有多大产""不怕做不到,就怕想不到"以及高产卫星、土法炼钢、赶英超美、吃饭不要钱等豪言壮语弥漫在整个社会,就这样,以"反右倾"、盲目冒进、不顾实际为特点的"大跃进"运动开启了。

当时,一些农村的群众为了改变长期缺医少药之困境,试着探索一种互助性质的医疗形式,也就是说由社员和集体共同筹集一定数额的资金作为合作医疗资金,社员看病所花费的药费由生产大队统一支付或给予一定报销比例,医务人员的工资可以采取由生产大队记工分的方式,参与集体收益分配和口粮分配，一般一个农村卫生员的工作相当于一个中等劳动力的收入。平时有患者时就给以治疗，无患者时也要参加一定的农业劳动，农忙时还要在田间地头开展巡回医疗，以保障广大社员的基本健康。如广东省东莞县杨屋乡，在1957年高级社时期他们就建立了保健室，配备保健员，为社员群众进行一些小伤小病的治疗。

1958年，人民公社化运动兴起。7月16日，《红旗》杂志发表了题为《在毛泽东旗帜下》一文，文中转述了毛泽东关于办大社的意见：我们的方向，应该逐步地、有次序地把工、农、商、学、兵组成一个大社，从而构成中国社会的基层单位。伴随之，在河南省遂平县成立了第一个人民公社——嵖岈山卫星人民公社。嵖岈山人民公社的建立也表明了毛泽东"小社并大社""人多力量大"想法的实现，形成了"跑步进入共产主义"的狂热。同年8月，毛泽东在山东农村视察时说："还是办人民公社好，它的好处是，可以把工、农、商、学、兵结合在一起，便于领导。"❶ 8月中下旬，中共中央在发出的《关于建立农村人民公社问题的决议》中指出人民公社是形势发展的必然趋势。

自此，全国农村开始纷纷效法嵖岈山的做法，兴办人民公社。以河南省为例，到8月底，全省农村38 473个农业社（平均每社260户）合并建成1 378个人民公社，平均每社有7 200户，入社农户占全省农户总数的99.98%。❷ 到1958年年底，全国74万多个农业生产合作社合并成为2.6万多个人民公社，参加公社的农户有1.2亿户，占全国总农户的99%以上。❸ 伴随着人民公社化运动的发展，农村实现了生产资料基本社有的所有制形式，在全国刮起了"五风"，大搞"一平二调"。

在"左"的思潮影响下，医疗卫生领域也是纷纷跃进发展。由于农村出现了"一平二调"及"共产风"现象，许多地方的人民公社实行平均主义的供给制，实行所谓的"吃饭不要钱""上学不要钱"和"看病不要钱"。如河南省南阳市桐柏县，从1958年7月7日起就开始实施包干医疗，即看病全部

---

❶ 薄一波：《若干重大决策与事件的回顾》，中央党校出版社1992年版，第740页。
❷ 《关于建立人民公社问题的决议》，《今日新闻》，1958年9月2日。
❸ 《农业集体化重要文件汇编》（下），中共中央党校出版社1981年版，第241页。

免费的制度。它们的做法是发给每个社员一个公费医疗证,凭此证件社员可以到医院看病或住院,不用负担任何的费用。据相关统计,在当时全县大约有17万人享受这种公费医疗制度,占总人口数的95%,可以说基本上实现了乡乡社社有医院,人人享受民办公费医疗。但是桐柏的做法也没有维持太久,很快就夭折了,因为在集体经济还比较薄弱的情况下,一味追求实施看病全部免费的制度是不现实的。之后,他们也进行了变革,采取了合作医疗,由每个社员每月交0.1元钱作为合作资金,看病挂号费自付,药费从合作医疗费中开支七成,住院费由合作医疗负担。

二、合作医疗悄然出现

"合作医疗"一词最早出现在1958年9月13日的《健康报》上,在《让合作医疗遍地开花》的社论中介绍了河南省的一些地方实施合作医疗的情况。文中指出:"河南省在工农业生产全面大跃进的新形势下,伴随着人民公社的建立和民办医疗卫生事业的发展,一个规模巨大的共产主义的互助运动——全民性的合作医疗正在河南省全面展开。"❶

1959年11月,在山西省稷山县召开的全国农村卫生工作会议上人民公社社员集体保健的医疗制度得到了中央的肯定。同年12月,卫生部在上报中央的《关于全国农村卫生工作山西省稷山现场会议情况的报告》中,首次提到了"合作医疗"一词,并指出这是一种集体医疗保健制度。❷ 在该报告的附件《关于人民公社卫生工作的几个问题的意见》(以下简称《意见》)中对集体医疗保健制度提出了一些建议:"关于人民公社的医疗制度,主要有两种形式。一是谁看病谁出钱;一是实行人民公社社员集体保健医疗制度。"并且指出实行人民公社社员集体保健医疗制度较好,这种形式的合作医疗主要由社员每年交纳一定的保健费,看病时只交药费或挂号费,公社、大队的公益金再补助一些,各地还可根据当地的经济条件增加公益金的补助。《意见》还指出了实行这种集体保健医疗制度的好处,不仅有利于农村开展卫生预防工作,也大大实现了社员有病能在家门口治疗的需求,是适合农村医疗卫生发

---

❶ 《让合作医疗遍地开花》,《健康报》,1958年9月13日,第1版。
❷ 宋晓梧:《中国社会保障制度建设20年》,中州古籍出版社1998年版,第63页。

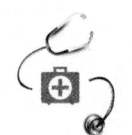

展现状的。❶ 1960年2月，中央政府转发了卫生部的报告及其附件，要求各省、自治区、直辖市党委参照执行。自此，合作医疗作为我国农村医疗卫生工作的一项基本制度，在广大农村实施推行。

第二节 农村三级医疗预防保健网

在20世纪60年代中期，我国农村基本上建立了县、乡（公社）、村（生产大队）三级医疗卫生网络。其中县级医疗卫生组织主要提供医疗政策的指导及技术支持；公社卫生院起中枢作用，并对村卫生所进行业务指导，还发放药物及培训卫生人员等；大队合作医疗站则是直接面对农民群众，为他们进行医治。县、乡（公社）、村（大队）三级医疗卫生组织之间相互分工，相互支持。农村三级预防保健网的建立不仅使农民得到基本的医疗卫生服务，在一定程度上缓解了广大农村地区长期缺医少药的困境，促进农村卫生事业的发展，而且农村三级医疗卫生保健网的建立为合作医疗制度的发展提供了支持体系，为合作医疗制度的实施提供了必要的组织保障。

一、农村三级医疗预防保健网的建立

新中国成立初期，中央政府就致力于农村医疗卫生事业的发展，以改变农村长期缺医少药之亟需。1950年9月，周恩来在《为巩固和发展人民的胜利而奋斗》的报告中指出："人民政府在领导人民反对愚昧的同时，领导着人民向疾病做斗争。在过去一年内，人民政府已经大规模地开展了防治疾病的斗争，人民政府决定在最近几年内在每个县和区建立起卫生工作机关，以便改进中国人民长时期的健康不良状况。"❷ 同年，在第一届全国卫生工作会议上也关注农村医疗卫生的发展，提出要在全国农村的县设立卫生院，区设立卫生所，行政村设立卫生委员，自然村设卫生员的目标。到1953年年底，全

---

❶《中央转发卫生部党组关于农村卫生工作现场会议的报告》及《附件》，选自卫生部基层卫生与妇幼保健司编：《农村卫生文件汇编（1951—2000）（内部资料）》，第18—22页。

❷《周恩来选集》（下），人民出版社1984年版，第48页。

国的县医院和卫生院得到了初步的发展,由最初的1 437所发展到21 023所,这些农村基层卫生组织的建立在一定程度上缓解了农村医疗卫生机构严重不足的现状。即使在一些比较偏远的少数民族地区,中央政府也加强了对当地农村卫生组织的建设。据统计,新中国成立的前三年,"在内蒙古、新疆、青海以及其他各省民族自治区,凡少数民族占百分之五十以上人口的县份都建立了卫生机构,有卫生院二百六十五所,公立医院二十四所,经常的巡回医防队有四十八队"。❶

1958年,人民公社化运动的兴起,为农村三级医疗预防保健网的形成提供了重要的体制基础。尽管之前我国农村卫生医疗保健网也有一些发展,但是还存在许多问题,如医疗机构不健全,医疗设备落后,卫生人员比较少,等等,这些问题比较广泛地存在于农村,成为制约农村医疗卫生工作发展的瓶颈。1959年,在山西稷山县召开了全国农村卫生工作会议,这次大会为发展农村医疗卫生工作提供了主要的契机,促进了国家卫生工作的重点开始转向农村,这在一定程度上也大大推进了农村三级医疗预防保健网的建立。在卫生部发出的《关于全国农村卫生工作山西稷山现场会议情况的报告》(以下简称《报告》)中指出:"为了适应新形势的需要,更好地开展农村卫生工作,从县到生产队需要有一个和生产紧密结合的、健全的卫生医疗保健网,需要有一支中西医结合、脱产与不脱产人员结合的强大的卫生队伍。"❷

在《报告》中还对如何发展农村基层卫生组织提出了较为具体的规划。关于县医院的建设规定:"从1960年起,高等医药院校医疗系的新毕业生应有40%~50%的人员分配到县医院,并且各地还要有计划地组织从城市医疗卫生机构抽调一定数量的、业务水平好以及有经验的医生分配或下放到县医院工作。要求在1962年以前,统一规划、分期分批地使每个县医院扩充到一百到二百张左右的病床,各主要科室都能配备上较高水平的中西医生。1962年以前,每个县基本上都要有一套比较完整的医疗设备,使县医院成为全县医

---

❶ 《中华人民共和国三年来的伟大成就 三年来中国人民的卫生事业》,《人民日报》,1952年9月27日。

❷ 《中央转发卫生部党组关于农村卫生工作现场会议的报告》及《附件》,选自卫生部基层卫生与妇幼保健司编:《农村卫生文件汇编(1951—2000)(内部资料)》,第17页。

疗技术的中心，并且还是培养卫生人员的重要基地。"❶

关于公社卫生院的建设，要求"在1962年以前，大多数的公社卫生院都要配备一些具有中等专业医学学校毕业或相当于中等医学学校毕业的人员，如医士、助产士和水平较高的中医，并充实公社卫生院一些必要的医疗设备"。此外，要加强培训农村卫生人员，"争取在1962年以前，基本上达到县县有中级或初级的卫生学校，不脱产的卫生骨干和积极分子要在农村卫生工作发挥重要作用，应该采取多种方式大量培养农村卫生人员，使每个生产队要有1~2名经过一定培训的不脱产的卫生员"。❷

1962年8月，卫生部又发出《关于改进医院工作若干问题的意见（草案）》和《关于调整农村基层卫生组织问题的意见（草案）》。这两个草案的中心是要各级地方政府重视发展对县医院和公社医院的建设，在实际的建设中要把县医院的发展立足于面向广大农村，真正实现为农业生产服务，为广大社员服务。草案还指出相关卫生部门要有计划、有重点地对各级农村卫生医疗组织进行业务指导，帮助他们解决实际工作中的疑难问题，要重视为农村培训更多的基层医务人员，提高他们的技术水平和业务能力，使他们能够为农民群众开展医治。此外，针对我国农村地区面积广阔，有限的卫生资源在不同区域的分布也是不平衡的，并且多集中在乡镇中等特点，草案强调要考虑广大农村的实际情况，在设立基层医疗卫生机构时要以分散、小型、多点为基本原则，这样才能适应农村地大偏远的特点，能够实现每个普通的农民群众都能看病就医，得到基本的健康保障。

总的来说，我国农村基层卫生组织主要由国家办的区（乡）卫生所、农业合作社办的保健站、医生集体办的联合诊所以及个体医生开业组成。在设立农村医疗卫生机构时遵循自上而下的实施原则，也就是说主要从县到区、乡，再到行政村、自然村逐步展开。在20世纪50年代初期，中央政府首先在县、区设立医疗卫生机构，并且还培训了部分农村医疗卫生人员。进入20世纪60年代，加快了发展农村医疗卫生事业的步伐，一方面继续加强农村卫

---

❶ 《中央转发卫生部党组关于农村卫生工作现场会议的报告》及《附件》，选自卫生部基层卫生与妇幼保健司编：《农村卫生文件汇编（1951—2000）》（内部资料），第18页。

❷ 《中央转发卫生部党组关于农村卫生工作现场会议的报告》及《附件》，选自卫生部基层卫生与妇幼保健司编：《农村卫生文件汇编（1951—2000）（内部资料）》，第19页。

第三章 农村合作医疗制度的发展

生机构的建设，一方面组织城市医务人员下乡，开展巡回医疗，培训来自农村当地的卫生员，特别是后者，因为在1965年毛泽东发出了"把医疗卫生工作的重点放在农村中"的最高指示，这大大促进了国家医疗卫生工作的重心转向农村，在这之后国家医疗卫生资源逐渐倾向农村，包括物力、人力以及财力等，这种变化极大地推进了农村医疗卫生事业的发展。到20世纪60年代末，我国农村初步建立了基本覆盖整个乡村社会的县、乡、村三级医疗预防保健网。

以山西稷山为例，1956年全县建立了4个地区医院和1个卫生所，全县13个乡都建立了乡级联合保健站及分站。在158个高级农业社内建立了220个保健室。1957年，稷山县将原有的卫生院改建为人民医院，并建立1个防疫站和1个妇幼保健站。基本上做到乡乡有医疗机构，村村有保健组织，从县到乡形成了一套与生产相适应的卫生保健网。山东省在1957年就有1 187个由国家举办的实行差额补助的区卫生所，共有7 764名医务工作人员；有6 762个由医生联合集体举办的合作社性质的联合诊所，共有33 025名医务工作人员，再加上13 059名个体开业医生，全省基层卫生人员共有53 848人，基本上也建立了区区有卫生所，乡乡有联合诊所的三级卫生医疗网。❶ 到1964年，全省的县和公社基本上都有卫生院，几个大队就有一处卫生所，生产队也普遍都有不脱产卫生员，还有一些巡回医疗队经常下乡为社员防病治病，形成了较为完整的农村三级医疗预防网。❷

就全国范围来说，到1965年年底，全国就有2 276所县医院，共有131 033名卫生技术人员及175 409张病床；有36 965所乡镇卫生院，共有214 427名卫生技术人员及132 487张病床。基本上全国省、自治区、直辖市和地区级以及县级的医疗机构、卫生防疫站、防治所、妇幼保健院等都建立了起来。并且，中央政府也注重医学教育的发展，为农村培养一些高级、中级和初级的医药卫生人员，建立一支相当规模的医疗卫生队伍。

---

❶ 《山东省卫生厅关于具体贯彻卫生部"关于调整农村基层卫生组织问题"的意见（草案）》，山东省档案馆馆藏，档案号：AO34-02-254。
❷ 《我省农村医疗预防工作成绩显著》，《大众日报》，1964年9月28日，第2版。

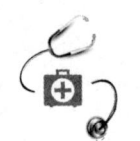

二、农村三级医疗预防保健网的组织形式

农村三级医疗卫生网是以县为单位形成的，它为广大农民提供了基本的医疗保健服务。在20世纪60年代中期，县、乡（公社）、村（生产大队）三级医疗卫生网络基本建立，形成了一个全国范围的农村医疗卫生网络。县、乡（公社）、村（大队）三级医疗卫生组织之间相互分工，相互支持。其中县级医疗卫生组织主要提供医疗政策的指导及技术支持；公社卫生院起中枢作用，并对村卫生所进行业务指导，还发放药物及培训卫生人员等；大队合作医疗站则是直接面对农民群众，为他们进行医治。

我国农村地域广大，各地农村的经济、文化、社会风俗等也不尽相同，根据这些情况，也有不同形式的卫生组织机构，主要有以下几种形式：一是在公社大队之间设有管理区分院、门诊部、卫生所；生产大队设由保健员组成的保健室。如北京顺义区（相当于一个县）的卫生机构组织形式是：公社设立卫生院；生产管理区（相当于乡）设立门诊部，门诊部可根据服务地区的大小适当设立医疗点；生产大队设保健室。二是在公社设医院，管理区（大队）设保健所；生产队设不脱产的保健员接生员；20个公社以上的县、区所在地设区人民医院，它所在的公社一般不另设公社医院。三是公社所在地设有县人民医院分院。

农村三级医疗预防保健卫生网的建立极大地促进了农村卫生事业的发展。在经济方面主要是解决了农村医疗卫生工作依靠谁的问题。地区医院由国家负责，收部分保健费补助；保健站采取的是把保健费、治病收入与农业社公益金三者相结合，这种方式改变了原来医务人员认为病人越多收入越高的想法，转变为病人越少贡献越大的认识，更好地解决了医生依赖治病取得高收入和积极贯彻"预防为主"方针之间的矛盾，在一定程度上改造了原来的医疗组织和卫生人员存在的一些弊端，并且减少农民看病就医的经济成本。

在工作方法上进行了改进，根据农村各地的实际情况，组织实施划分包干形式的巡回医疗，推行挂杆报病、按杆上门的服务制度。这不仅有利于农业生产，也保障了农民基本健康，真正为农民服务。划分包干形式的巡回医疗是指各乡保健站根据全乡农业社的分布情况，将全乡划分为若干责任区，每个区由一个责任医生包干负责，主要负责开展经常的巡回医疗上门治病，在农忙时可以到田间地头开展巡回就地医疗；同时还要负责领导各保健室积极开展群众性卫生防疫和妇幼保健工作。这种方式不仅方便广大社员就医，而且能够较好地贯彻"预防为主"的卫生方针。

推行挂杆报病、按杆上门服务的制度主要是为了方便社员群众一旦患病能够及时进行医治，特别是对一些患急病的患者，能够很好地减轻患者的痛苦，使社员健康得到保障。具体做法是让患者在农业社挂杆报病的方式，医生看到后就可以及时按杆上门进行医治。这种医治办法主要适合于农村，由于农村地域较大，农民居住也比较分散，通过挂杆报病，使患者可以快速和医生联系上，不仅能够为社员进行及时医治，节省了他们的时间，减轻他们的病痛，同时也可以调动医生的工作积极性，使他们能够及时发现病人，节省了医生的时间，在医治之后，可以有更充分的时间深入开展群众性的卫生防疫和宣传教育工作，提高医生的工作效率。

此外，还创造了经期妇女和孕妇挂杆及统计的制度，使妇女可以在经期休假，在产前也能进行检查，大大加强了妇婴保护工作。还有的地方建立了疫情报告制度，使传染病的暴发得到及时控制。一些保健站建立了疫情报告网，平时每月向该地区和县报告三次，特殊情况随时报告。一旦发现有传染病，各责任医生立即组织保健员开展工作，一边向县报告，一边进行隔离治疗，这种工作方法基本上做到了及时发现、及时报告、及时扑灭，使疫情得到有效控制。总之，这些卫生工作方法的改进受到广大社员的称赞，密切了与社员群众的关系，也改造了医务人员的思想作风。

由上可知，通过建立农村三级医疗预防保健网，把开展爱国卫生运动、防治地方病、卫生防疫、卫生监督、妇幼保健等卫生工作有机结合起来，很大程度上提高了农村合作医疗事业的发展，为广大农民群众提供了更加全面、更有质量的医疗卫生服务。以山西稷山县为例，农村三级医疗预防保健网的建立促进了当地医疗卫生工作的发展，其中传染疾病就得到有效控制，保护了农民的健康。在新中国成立初期，稷山县也是长期缺医少药，仅流行的传染病就有14种之多，其中1952年疫病大流行时，全县共有19 000多人发病，死亡的人数达2 400多人。经过几年的医疗卫生工作建设后，到1960年后，传染病的年发病率一直控制在1.5%以下。一些原来较为普遍的严重危害人们生命的传染病，如麻疹、痢疾、流感等基本上在当地消失。1956—1965年近十

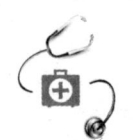

年间，稷山县在贯彻"预防为主"卫生方针时取得了较大的成效。此外，当地的医疗卫生机构多次组织医疗人员深入农村，对砂眼、慢性肠胃病、蛔虫、皮肤病、妇女病等慢性病进行治疗。通过治疗，这些疾病得到有效控制，据统计，从1958年到1965年，砂眼的发病率由54.61%降低到31.1%，肠寄生虫病由78.06%降低到39.1%，慢性肠胃病由36.45%降低到18.2%，皮肤病由14.5%降低到8.1%。到1974年，稷山县的传染病发病率下降至2.8%。❶

总之，农村三级预防保健网的建立，实现了国家有限卫生资源向农村的转移，使农民得到基本的医疗卫生服务，可以看得起病，不仅减轻了患者的痛苦，也节省了经济成本，在一定程度上缓解了广大农村地区长期缺医少药的困境，促进了农村卫生事业的发展，保障了农民的健康。通过建立农村三级医疗卫生保健网，为农村合作医疗制度的形成和发展提供了支持体系和实施平台，为合作医疗制度的实施提供重要的组织保障。与此同时，在合作医疗制度实施的过程中，农村三级医疗卫生保健网的运行也得到了有力的支持，可以说二者是相互促进的。

第三节 在人民公社化运动中快速发展

1958年，农村人民公社化运动兴起，为合作医疗制度的发展提供了重要的体制基础，促进农村合作医疗实现了快速发展。1958年2月2日，《人民日报》在社论中指出："我们国家现在正面临着一个全国大跃进的新形势……文教卫生事业也要大跃进"。❷ 在各地高涨的人民公社建设大潮中，推广合作医疗成为一项重要的措施。其中，河南遂平县嵖岈山卫星人民公社就是一个典型，该公社是受到毛泽东的赞扬并推崇的首个"人民公社"，在当时有一定的影响力。在《卫星人民公社试行简章（草案）》中就对如何开展合作医疗进行了明确的规定，要求："公社实行合作医疗，社员按照家庭人口多少，每年

---

❶ 《面向广大农村，搞好卫生革命——稷山县农村医疗卫生事业十年巨变》，稷山县档案馆馆藏，稷山县卫生局档案长期卷第91卷。

❷ 《我们的行动口号——反对浪费，勤俭建国》，《人民日报》，1958年2月2日。

交纳一定数量的合作医疗费,就诊不另交费"。❶ 由于嵖岈山卫星人民公社受到了毛泽东的支持,这份简章还在《人民日报》和《红旗》杂志上全文刊登,使"一时间,人人皆知嵖岈山",❷ 许多地方都纷纷学习嵖岈山卫星人民公社创办合作医疗。

在人民公社化运动中,河南省也是一个典型,不仅在工农业方面比较超前,在医疗卫生领域也是积极的。到 1958 年 9 月,全省共有 7 692 所乡村医院,4 992 个医疗站,16 100 所妇幼院。实行合作医疗的人民公社有 963 个,占全省农村公社总数的 71.1%。❸ 这种现象在《健康报》上就有详细的描述,1958 年 9 月 13 日,该报刊发的《让合作医疗遍地开花》的社论中介绍了河南的医疗卫生情况,"伴随着人民公社的建立和民办医疗卫生事业的发展,一个规模巨大的共产主义的互助运动——全民性的'合作医疗'正在河南省全面开展"。社论还指出合作医疗是"群众性的新的医疗制度,是具有共产主义性质的公共福利事业",并总结这种制度的优越性是"合作医疗能多快好省地发展卫生事业,便利群众,促进生产,能贯彻预防为主的方针,加强预防和治疗工作,并出现了共产主义的大互助,'我为人人、人人为我'的亲密团结,共同劳动,共同进步的新风尚"。❹

《人民日报》发表《人民公社化带来的幸福》一文,指出:"合作医疗是集中群众的分散资金,依靠群众的力量,通过共产主义协作,解除群众疾病痛苦,保证身体健康的最好方法。……合作医疗制度的推行受到广大群众的热烈拥护,他们说:实行合作医疗化,穷人治病不用怕,互助协作保健康,生产跃进劲头大。"❺

集体化时期,浓郁的政治宣传是推动各种运动开展的有效工具。在各种政治宣传的鼓动下,各地农村的合作医疗也进入了快速的"大跃进"。如河南省正阳县是大办合作医疗的典型。1958 年 3 月 16 日,在王店乡团结家庄召开

---

❶ 《卫星人民公社试行简章(草案)》,《人民日报》,1958 年 9 月 4 日。
❷ 贾艳敏:《大跃进时期乡村政治的典型——河南嵖岈山卫星人民公社研究》,知识产权出版社 2006 年版,第 62 页。
❸ 《河南推行合作医疗制度》,《人民日报》,1958 年 9 月 24 日。
❹ 《论合作医疗遍地开花》,《健康报》,1958 年 9 月 13 日。
❺ 《人民公社化带来的幸福——河南推行合作医疗制度》,《人民日报》,1958 年 9 月 24 日。

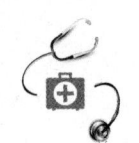

了全县卫生工作现场会议，会议的主题是交流大办合作医疗的经验并组织参观，在统一思想后他们仅用3个月的时间就实现了在全县范围内大办合作医疗。❶ 1958—1959年，福建省农村开始兴办合作医疗，其中办得较好的是闽侯县鸿尾公社，其推行了全民公费保健医疗制度。1959年该县又开始大搞药材生产以增加公社收入，1960年首先在条件较好的鸿尾大队重点推行全民公费保健医疗制度，实施看病不要钱。

在各地大办合作医疗时，有一些地方的发展速度"令人吃惊"，在很短时间内就实现合作医疗"从无到有"的飞跃发展。如对湖北长阳的个案研究中就指出：从1960年4月1日到4月14日，仅仅用了两周时间，就宣布合作医疗制度建成……更快的还有都镇湾公社的两个村子，它们只用两天时间就建立了合作医疗，"经党总支研究以横山、台子两生产队为重点地开展合作医疗工作，于8月3日中午就到队进行合作医疗工作，经过两天多的时间，一个集中群众零钱办群众大事，带有互助共济的合作医疗制度，在该两生产队生根落脚"，于是这两个生产队分别在8月5日和6日两天"向党委和管理区对合作医疗报喜"。❷

上述现象说明，在各地大办合作医疗时多多少少都出现了追求"高速度"的跃进现象，这主要是受人民公社是向共产主义理想社会的"跃进"途径，是社会主义国家建设过程中"急于求成"的影响。实施全民公费医疗实际上是受人民公社化运动中"左"的思想影响，搞供给制，实行看病不要钱等不切实际的做法严重脱离当时我国农村经济的实际情况，这也为之后发展合作医疗埋下了隐患。

那么在人民公社化运动中为什么合作医疗能够"高速度"地发展呢？这主要基于以下几个原因：一方面是受集体化时期政治形势的影响，在人民公社化运动中，各项工作都在跃进发展，医疗卫生工作也不例外。在"大跃进"的影响下，各地在开展合作医疗时必定追求"高速度"。在1959年4月卫生部颁布的《关于加强人民公社卫生工作的几点意见》中，就充分体现了对

---

❶《正阳县推行合作医疗的经验》，《健康报》编辑部编：《介绍民办合作医疗的经验》，人民卫生出版社1958年版，第17页。

❷ 乐章：《制度、组织与组织化制度：长阳合作医疗个案研究》，中国社会科学出版社2010年版，第79页。

"速度"的追求,即明确指出要在全国农村中掀起卫生工作的更大跃进。各级地方政府也是纷纷出台政策推进合作医疗的"大跃进",争创"高速度"。如在1960年9月长阳平洛公社的一份合作医疗报告中就指出:"随着人民公社化生产持续大跃进……旧有的医疗制度是不太适应新形势的发展和满足人民需要,我们在各级党委领导下,(通过)医务人员努力、群众的支持和拥护,全社基本上实现合作医疗化"。❶ 可见,这一时期国家医疗卫生发展的目的除了以保障群众的健康为基本之外,还具有浓郁的政治色彩,追求"高速度"发展也是一个政治标准。

另一方面,推行合作医疗制度也能够为广大农民群众提供比较便利以及经济实惠的医疗卫生服务,有利于保护农村劳动力,促进农业生产。实行合作医疗改变了以往医疗机构主要集中在经济条件较好的地区,而一些偏远的地区则多是没有任何医疗机构的情况。现在则是根据需要合理部署医疗机构,调整医务人员,因为医疗机构是随生产组织的建立而建立的,这就从组织上保证了医疗工作能够更好地贯彻"从生产出发,为生产服务"的方针,做到"哪里有人,哪里有医有药","有病早治,无病早防,便利群众,提高劳动效率"。此外,实行合作医疗通过合作互助,发挥了集体的力量,克服了个人经济力量单薄的困难,使普通的农民也能在患病时得到及时的治疗,恢复健康,保证农业生产所需的劳动力。如河南正阳县团结农业社1957年实行合作医疗,之后当地农民发病率与1955年相比下降了20%,死亡率则下降了68%,可见其健康得到了基本的保障。

在人民公社化运动中,"供给制"也是当时各地农村工作中追求的最高"目标"。所谓供给制就是强调按需分配,"免费"供给,最典型的例子是人民公社的公共食堂。关于公社食堂,毛泽东曾有这样的评价:"我们可以从吃饭、穿衣、住房子上实行共产主义。公共食堂吃饭不要钱,就是共产主义。"因此,在创办合作医疗时,各地纷纷把追求"免费"作为一个政治指标,也是必然。其中,备受毛泽东推崇的嵖岈山卫星人民公社就实行了公费医疗。还有一些人民公社也实行了各种形式的"承包",如有的公社实行"七包"

---

❶ 《长阳平洛公社实现合作医疗报告》(1960年9月22日),转引自:乐章:《制度、组织与组织化制度:长阳合作医疗个案研究》,中国社会科学出版社2010年版,第85页。

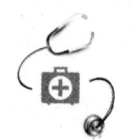

"十包""十二包""十三包"等的"包干制","包医疗"均是其中之一。❶ 山西稷山县太阳村,也是实施"免费"的全国卫生模范村。1956 年,太阳村实施集体保健医疗制度,社员看病实行"六免费",即挂号费、诊疗费、出诊费、注射费、体检费、预防保健费全免,但药费仍由个人负担。到 1959 年人民公社化后,该村实行合作医疗制度,社员看病只收 5 分钱挂号费,其余全免。❷

为了快速发展合作医疗,一些地方政府在宣传时也夸张地说,合作医疗是减轻群众治病负担的唯一办法,是过渡到全民免费的必经阶段。许多政府的政策文件中都强调要坚持"吃药打针不收费",并且认为只有实行免费才是"社会主义的方向",否则就"不是合作医疗,方向不对,改变了性质"。❸ 于是一些农村就把"免费"医疗作为吸引农民参加公社的一种激励手段。❹ 这样最终导致集体经济受到很大的压力,当农业发展不好、农产量减产时,集体经济也无力负担,合作医疗只能垮台。

如前所述,集体化时期国家的医疗卫生政策包含了浓郁的政治色彩,而不只是以保障健康为主要目的。1959 年,卫生部发出文件指出,开展卫生工作必须从生产出发,要配合生产,为生产服务。各地方在创办合作医疗中也应遵循这一思想,河南南阳在创办合作医疗时就把合作医疗与农业生产联系在一起,合作医疗制度的推行促使农村公社医疗卫生事业多快好省地发展,大大便利了群众,更好地为生产服务。桐柏县在实行合作医疗前,群众因经济限制,不能及时治疗疾病而影响生产的每年达五十万个劳动日,自实行合作医疗后,这种现象就没有发生。❺ 1960 年,毛泽东在《关于卫生工作的指示》中更是明确指出不能把卫生工作看作一项孤立的工作,卫生工作是很重要的,"因为有利于生产,有利于工作,有利于学习,有利于改造我国人民低

---

❶ 温锐:《毛泽东视野中的中国农民问题》,江西人民出版社 2004 年版,第 163 页。

❷ 张自宽:《阳光普照太阳村——对全国卫生模范村稷山县太阳村的调查》,原载《健康报》(1959),转引自:张自宽:《亲历农村卫生六十年——张自宽农村卫生文选》,中国协和医科大学出版社 2011 年版,第 13 页。

❸ 杨念群:《再造"病人":中西医冲突下的空间政治:1832—1985》,中国人民大学出版社 2006 年版,第 378 页。

❹ Lampton, David. The Politics of Medicine in China: The Policy Process, 1949–1977. Boulder Colo.: Westview Press, 1977: 79.

❺ 《人民公社化带来的幸福——河南推行合作医疗制度》,《人民日报》,1958 年 9 月 24 日。

弱的体质，使身体康强，环境清洁，与生产大跃进，文化和技术大革命，相互结合起来。现在，还有很多人不懂这个移风易俗、改造世界的意义"。❶

一、太阳村——农村卫生的一面红旗

集体化时期，山西省可以说是处于时代的前列，从互助组、初级社、高级社、人民公社以及"农业学大寨"运动中，都有着重要的影响，其医疗卫生工作也是如此。稷山县位于山西省的西南部，在1952年，全县只有一个15户的半社会主义性质的农业生产合作社。到1955年，随着农业合作化运动的发展，合作社发展到385个，并且部分社还转为完全社会主义性质的高级农业生产合作社，入社的农户数占总户数的64.33%。1956年年底，全县基本建立了以"县—地区—乡—村"为模式的农村医疗卫生保健网，包括1个县医院、1个防疫站和1个妇幼保健站，还有4个综合性地区医院和1个城关卫生所、13个农业社联合保健站和13个分站，以及220个有保健员和接生员的农业社保健室。基本上实现了集镇有地区医院、乡乡有保健站、社社有保健室的目标，在一定程度上保障了全县农民的健康。

在人民公社化高潮中，稷山县是全国"农村卫生的一面红旗"。1955年，该县翟店公社太阳村农业社首次拿出30元钱在村里办起了保健室，培训了保健员，开始尝试办合作医疗。1958年9月，太阳村保健室改为保健站。1958年8月，中共北戴河政治局扩大会议通过了《中共中央关于在农村建立人民公社问题的决议》，随后全国迅速掀起了人民公社化运动的热潮。稷山县在1958年也全面实现了人民公社化并开始着手进行全民公费医疗的试点尝试。1959年1月，在稷山县委的指导下，太阳村作为医疗卫生工作开展得比较好的典型，开始推行集体保健医疗制度。具体做法就是由每个社员每年交纳2元的保健费，不足部分从公益金中给以补助，实施合作医疗以保障健康。这种集体保健医疗制度的宗旨是"大家共同集资，治病实行免费"，充分体现出人民公社"一大二公"的优越性。同年11月，卫生部在稷山召开全国农村卫生工作现场会议，肯定了稷山办合作医疗的模式。到1960年3月，稷山县有

---

❶ 中共中央文献研究室：《建国以来毛泽东文稿（第9册）》，中央文献出版社1996年版，第81页。

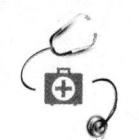

2个公社开始实行集体保健医疗制度。4月,又有9个公社实行了这一制度。10月,发展为10个公社的118个管理区,大约有27万人口的地区实行了集体保健医疗制度,人数占全县人口总数的79.47%。

在"大跃进"及人民公社化运动中我国农村医疗卫生工作发展普遍快速,许多地方都创造出合作医疗的模式,涌现出一批先进典型。其中,在推行集体保健医疗制度中山西省稷山县的经验最为突出。卫生部肯定并且很重视稷山模式。为了总结稷山经验,使之得以广泛推广,1959年春,由卫生部副部长贺彪带领的调研组深入稷山进行蹲点调研。同年7月,在调研组的调查报告中总结了稷山经验,指出:"稷山的经验极为重要,具有普遍意义。如能把稷山的经验推广到全国,必将对全国各地的农村卫生工作产生重大影响和促进。因此,我们建议,应当在稷山召开一次全国农村卫生现场会议,在全国范围内认真学习和推广稷山的经验。"❶

1959年11月,卫生部在稷山县召开全国农村卫生工作会议,全国一些省、自治区、直辖市的卫生厅长、副厅长以及中央部委的代表参加了会议。会议期间代表们重点参观了太阳村等合作医疗开展得较好的大队,在经过讨论总结后,形成了"学稷山、赶稷山、超稷山"的热潮。随后,卫生部在《关于全国农村卫生工作山西稷山现场会议情况的报告》中也充分肯定了稷山合作医疗制度的实践成果。

1960年2月2日,中共中央转发了卫生部《关于农村卫生工作现场的报告》,肯定了卫生部在全国农村卫生工作山西稷山现场会议的报告及附件,还要求地方政府参照执行。毛泽东对此也是认可的,在发现有个别地方政府的领导对合作医疗不够重视后,他在代中央起草的《关于卫生工作的指示》中明确指出:"各省、市、地、县、社要由党委第一书记挂帅,各级党委专管书记和有关部门党组书记也要在党委第一书记领导之下挂起帅来",还要求将中央2月2日批示的文件发到农村基层,推进合作医疗在1960年到1962年三年期间做出显著的成绩。❷

---

❶ 张自宽:《亲历农村卫生六十年——张自宽农村卫生文选》,中国协和医科大学出版社2011年版,第11页。

❷ 中共中央文献研究室:《建国以来毛泽东文稿(第9册)》,中央文献出版社1996年版,第80—81页。

1960年5月18日,《健康报》发出《积极推行基本保健医疗制度》的社论,通过舆论宣传大力推广,并指出集资医疗保健制度是由社员个人负担和公社补助相结合,主要特点是社员每人每年缴纳一定数额的保健费,在看病时只需缴纳很少的挂号费或医药费,其不足之处由公社大队的公益金中补助一部分。在中央政府以及毛泽东的支持和推动下,合作医疗在全国农村快速发展。据安徽医科大学卫生管理学院的估算,全国行政村(生产大队)举办合作医疗的比重在1958年为10%,1960年为32%,1962年上升到了46%。[1]

二、合作医疗的调整

1958年后,受人民公社化运动的影响,农村合作医疗发展的速度比较快。"大跃进"和人民公社化运动中"左"的错误也影响了农村医疗卫生工作,在创办合作医疗时一些地方也刮起了"共产风",学习人民公社实行平均主义的供给制,普遍实行所谓的"几包",即吃饭不要钱、上学不要钱、看病不要钱、社员看病不花钱,费用由公社从集体经济中开支。但是,这种看病不要钱的方式实行不久就办不下去了,合作医疗难以正常维持发展。1959—1961年,我国农村受到自然灾害等因素的影响,许多地方的农业生产大幅减少,集体经济难以承担合作医疗的费用,农民也更是无力缴纳保健费,这些现象直接影响了合作医疗的顺利开展,除了有极少数经济较为富裕的社队,多数社队的合作医疗基本上都是难以维持,春建秋散了。

初期人民公社本身的制度及生活模式与农村的发展实际并不相适应,带有浓厚的平均主义和军事共产主义色彩,严重阻碍了农村经济的发展,对人民的正常生活乃至整个国民经济造成了极大影响,全国许多地方出现了大饥荒,尤其是农村地区比较突出。这些现象引起中央政府的关注,1962年1月至2月,在北京召开了七千人大会,会上中央决定对国民经济实行"调整、巩固、充实、提高"的方针。随后,各地农村医疗卫生工作也进入了调整时期,实行集体保健医疗制度的步伐也开始放慢。需要指出的是,七千人大会对国民经济实行调整的方针是必要的,这次大会本来就是一个纠正错误、调

---

[1] 周寿祺:《探寻农民健康保障制度的发展轨迹》,《国际医药卫生导报》,2002年第6期。

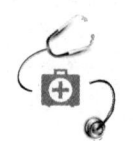

整巩固的会议，但由于对合作医疗的认识不足，也有一些地方政府在具体调整时运用了过于极端的方法，导致合作医疗的发展跌入了低谷。而在 1960 年下半年，农村也开展了反"共产风""浮夸风""命令风""干部特殊风""瞎指挥风"的"五风"运动，一些地方领导认为合作医疗也是"共产风"的产物，就大力批判，造成合作医疗无法维持，不得不停办。

福建省云霄县就是一个例子，1958 年全县大力推行创办合作医疗，但到 1959 年许多社队因各种原因办不下去，原因是 1959 年卫生部门虽然全面推行了这个制度，但是没有很好地总结，认识不清，工作也有问题。当时许多人说这是平调，认为是麻烦，等到体制下放，大队不管了，小队更有分歧，"九嘴十尼姑"，有的队要办，有的队不要办，许多地方就这样陆续垮了。❶ 然而也有少数地方还在坚持办合作医疗，如湖北省麻城县，依旧坚持实行合作医疗。1958 年，湖北省麻城县 96 个公社全部实行合作医疗，河南省也有 70% 的公社实行这一制度，如信阳、南阳及新乡等地区。

随着中央政府对国民经济的调整，各地对卫生工作中的"大跃进"现象也进行了调整，尤其是对那些在办合作医疗时一味追求高覆盖率以及免费等"冒进"行为进行了调整。1962 年 8 月，卫生部发出《关于调整农村基层卫生组织问题的意见（草案）》，指出这种免费等"冒进"行为是不符合农村经济的实际情况的，"免费"合作医疗被视为"左"的影响、"共产风"遭到了否定。自此，合作医疗覆盖率大幅度缩减，一些地方也恢复看病收费的自费医疗方式，到 1964 年，全国只有不到 30% 的农村社队还维持着合作医疗制度。❷

第四节　医疗卫生政策的转变

1965 年 1 月，毛泽东等对卫生部作出"组织城市高级医务人员下农村和

---

❶ 福建省卫生厅工作组：《云霄县东厦、下河公社实行合作医疗制度情况的初步调查》，福建省卫生厅办公室编：《卫生工作动态》（第四期），福建省档案馆藏，卷宗号：172-1-803。

❷ 张自宽：《对合作医疗早期历史情况的回顾》，《中国卫生经济》，1992 年第 6 期。

为农村培养医生"的指示,并强调这是卫生工作面向工农兵必须走的道路,是当前国家医疗卫生工作适应社会主义革命的必需。自此,全国各地开始培养农村卫生人员的试点工作。同年 6 月 26 日,毛泽东又发出了"把医疗卫生工作的重点放到农村去"的指示,在这一指示的号召下开启了组织农村巡回医疗运动,培养了大批的农村基层卫生人员,动员城市卫生人员到农村安家落户,这些变化说明了我国医疗卫生工作的重心由城市转向农村,医疗资源也开始向农村转移。

一、组织农村巡回医疗

所谓巡回医疗是指医务人员主动上门为患者送医送药,保障其健康的一种服务方式。早在根据地及解放区,中国共产党就经常组织军队医护人员到百姓家里送医送药,开展巡回医疗。特别是遇到灾荒的发生,各级政府都会及时组织医务人员,开展巡回治疗进行救援。如 1945 年,陕甘宁边区就组织巡回医疗实施救援。在边区卫生署的工作总结中提到,"治疗工作曾派 8 个医疗队下乡,治疗病人有 3 500 余名,门诊和复诊病人有 5 万余名,医院收容并治愈 2 000 余人,并帮助当地群众建立了两个卫生合作社"。❶ 在战争年代,这些医疗队多是由部队组织,不仅规模较小而且是短期行为,但在医疗卫生资源极度匮乏的战争年代,医疗队便成了动员人力物力集中于某一地区提供卫生援助的一种有效方式。它们被称为"流动的医院",除了医治,医疗队还组织进行当地流行病情的调查和卫生宣传工作,帮助群众改善环境卫生。这些对传染性疫病的防控起到了不可忽视的作用,使广大农民的健康得到了基本的保障,大大支持了抗战。开展巡回医疗一直延续到新中国成立后,即使在今天,相关卫生部门也常常组织各种形式的巡回医疗为百姓送医送药,保障健康。

新中国成立后,面对严峻的卫生国情和广大农村长期缺医少药的困境,各级政府和卫生机构也多次组织形式多样的医疗队深入农村开展送医送药活动。关于这一点,从新中国成立初期《人民日报》对巡回医疗的报道中就可以了解到,当时开展巡回医疗的主要任务包括:防治地方病,进行洪水、地

---

❶ 卢希谦、李忠全主编:《陕甘宁边区医药卫生史稿》,陕西人民出版社 1994 年版,第 362 页。

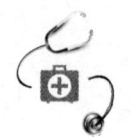

震等自然灾害中的疫病防治，协助地方生产等。可以说，开展巡回医疗也是国家卫生实践的一个重要方式。

早在1950年2月，卫生部等部门就联合发出《关于开展军民春季防疫工作的指示》，要求："各县均应尽可能地组织巡回防疫队，平时做深入的卫生宣传及普种牛痘，并帮助进行建立区乡卫生组织，推行卫生运动。"❶ 各地的医疗卫生机构也经常组织医务人员定期或不定期深入农村开展各种形式的巡回医疗，为农民送医送药，一旦遇到自然灾害发生，医疗队更是成为防疫和灾害医疗救助的重要组织。如1954年4月，我国长江中下游地区发生特大洪水灾害，湖北、湖南、江西、安徽、江苏等地受到严重的洪涝灾害，受灾人口就有1 800多万人。❷ 中央政府和地方政府纷纷组织医疗队开展救灾和疾病的防治工作。其中，湖南省卫生厅在6月下旬就组织医师、医士、护士、助产员等200多人，有23个医疗队下乡进行救灾工作。❸

特别是在偏远的少数民族地区，医疗卫生条件更为糟糕，广大群众缺医少药现象非常严重。如新疆维吾尔自治区巩哈县蒙古族人民聚居的一个村庄，这里在新中国成立前20年人口约有1万户，由于医疗卫生条件较差，疾病连年蔓延，临新中国成立时已减少到约3 000户；还有青海省群裸族原来有200多户人，新中国成立时也只剩下30多户。❹ 因此，新中国成立前在西北各少数民族中普遍流传着"常见娘怀儿，不见儿走路"的说法。新中国成立后，各级政府很是关心少数民族区域的医疗卫生状况，经常派遣各种形式的医疗队免费为少数民族人民进行诊治。据统计，"从1950年起，就派出了二十多个医疗卫生工作队深入牧区和边远地区进行巡回防治工作。医疗队的工作人员常在很恶劣的气候条件下，背着药包到各个帐篷和家庭中去访问、治病。到1953年，共诊治病人91万多人，治愈率平均在百分之五十以上。"❺ 各医疗队在为少数民族人民治病同时，还为他们宣传卫生知识，以各民族的文字、

---

❶ 国务院法制办公室编：《中华人民共和国法规汇编（1949—1952）》（第1卷），中国法制出版社2005年版，第289页。

❷ 据中国天气网资料：《1954年长江流域特大洪水》，来源：http://www.weather.eo—en/statie/html/artiele/20090305/25980.51：tml

❸ 《江苏、湖南组织医务人员到防汛地区工作》，《人民日报》，1954年8月22日。

❹ 《西北各少数民族地区的卫生工作三年来有很大成绩》，《人民日报》，1952年9月13日。

❺ 《西北各少数民族地区的卫生工作三年来有很大成绩》，《人民日报》，1952年9月13日。

第三章 农村合作医疗制度的发展

语言和采用画片、歌舞、幻灯、模型等形式,宣传通俗的科学卫生常识,以提高卫生意识,保障健康。

1958年,卫生部再次发出指示开展巡回医疗,动员组织城市医疗力量及医药卫生院校师生支持工矿、农村卫生工作,以解决工农业生产的相关安全卫生问题,要求:"积极组织医药卫生力量,进一步大力支持工农业生产,保护人民的健康,提高劳动生产率,应该成为当前卫生战线上的一项重要的任务。"❶ 为了支援夏季农业大生产,安徽省抽调了25 000多名医务人员,组成农村巡回医疗队开展医疗工作。医疗队员白天在田间地头为社员随时进行治疗,夜间也登门看病,送药上门。其中宿县就组织了189个巡回医疗队,385个医疗小组,他们普遍做到带针、带药、带农具,包地区、包治疗、包预防、包卫生宣传,执行任务好、服务态度好、与社员同吃同住好、互助协作好,受到群众的热烈欢迎。❷

1964年,"四清运动"中一些中央领导在下乡调查时发现广大农村地区缺医少药现象比较严重,农民的健康得不到基本的保障,这也反映了我国城乡医疗卫生资源不平衡的问题依旧存在。在卫生部门的一些报告中也反映了这个问题的严峻性。毛泽东对城乡卫生资源的悬殊也极为不满,多次批评了卫生部门。卫生部也立即做出了反应,组织城市高级医务人员下乡开展巡回医疗,为农村培养卫生人员,并将这种做法制度化。❸ 可以说,这次中央政府动员组织的巡回医疗持续了近10年,不仅规模大,而且力度强,这场运动也促进了国家有限卫生资源向农村的转移。

1965年1月19日,卫生部党组就动员组织城市巡回医疗队深入农村配合社会主义教育运动进行防病治病的工作向中央做了报告,报告指出农村巡回医疗"今后应该像干部参加劳动一样,作为一种制度",并首次对农村巡回医疗队的组队原则、组织领导关系、工作内容、治病收费标准以及后勤保障等内容作了明确的指示。1月20日,卫生部党组就组织城市高级医务人员下农村和为农村培养医生的问题也向毛泽东提交了报告。毛泽东很重视这件事,

---

❶ 《关于动员城市医疗力量和医药卫生院校师生支持工矿、农村卫生工作的报告》(1958年11月),选自卫生部基层卫生与妇幼保健司编:《农村卫生文件汇编(1951—2000)(内部资料)》。
❷ 《白天巡回医疗 夜间登门看病 安徽两万多医务人员下乡》,《人民日报》,1959年7月27日。
❸ 当代中国卫生卷编委会编:《当代中国卫生事业大事记》,人民卫生出版社1993年版,第154页。

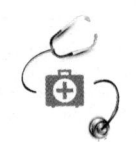

于1月21日便作了"同意照办"的批示。1月27日，中央也批转了卫生部党组《关于组织巡回医疗队下农村问题的报告》，指出农村巡回医疗是推动农村卫生工作适应社会主义革命需要，促进卫生队伍革命化的一条有效途径；是帮助提高农村医疗技术质量，更好地为农业生产服务和农村文教卫生事业的建设创造条件的有效措施，各级政府应大力支持。上述两个报告和两个批示不仅为日后农村巡回医疗运动的开展指明了方向，也为农村巡回医疗制度建设奠定了良好的基础。

卫生部根据上述报告和中央指示精神，很快将组织农村巡回医疗运动推向制度化和具体化，先后下发了三个通知。1965年1月31日，卫生部下发了《关于组织农村巡回医疗队有关问题的通知》，对医疗队的主要任务、工作方法、经费开支等具体问题进行了明确规定，还对如何培训农村不脱产卫生员提出了具体意见，包括卫生员的招收对象、培训内容及培训方法等。该通知也很快下达全国各地，为指导开展农村巡回医疗工作提供重要的依据。为了进一步夯实农村巡回医疗工作，卫生部还于1965年2月12日再次下发了《关于认真做好城市组织巡回医疗队下农村的通知》，要求各地在巡回医疗队组队过程中，充分做好思想工作，并注意解决有关实际问题。各厅、局要加强对下乡医疗队的领导，组织行政领导干部深入医疗队工作地区，同医疗队一起进行工作，及时解决出现的各种问题，总结经验，以便后期推广。

1965年3月13日，针对地方在农村巡回医疗过程中出现的一些问题，如少数巡回医疗队没有下到农村，只是到县医院开展工作等，卫生部向各省、自治区、直辖市卫生厅、局又一次下发了《关于巡回医疗队下到农村问题的通知》，指出这种行为是不符合中央指示的，组织巡回医疗一定要实现卫生工作面向农村，要为农民特别是为贫下中农服务，这个通知还强调各级政府一定要重视农村卫生工作，认真组织巡回医疗，并要求巡回医疗队下到农村人民公社、生产队中去。这三个通知的发出也表明了中央政府、卫生部在实施组织农村巡回医疗建设的决心，可见对农村卫生工作的重视。

总而言之，上述两个报告、两个指示和三个通知的出台将农村巡回医疗运动推向高潮，大批巡回医疗队涌向农村，为农民送医送药。1965年6月26

日，毛泽东批评了卫生部长期重"城"轻"农"的做法，并提出了著名的"六·二六"重要指示。这使农村巡回医疗运动随着国家卫生工作重点的转移，进入一个全面快速的发展阶段。为了更好地贯彻落实卫生工作面向农村、服务生产的指示，1967年3月7日，卫生部在《关于立即组织医疗队下乡支持春耕生产的报告》中号召要迅速组织巡回医疗队深入农村基层，要深入农业生产的第一线，要保护农业劳动大军的健康。对于一些已经撤回来的医疗队，要立即重返农村，积极开展巡回医疗，以支持春耕生产。

需要指出的是，1965年开始的巡回医疗与之前有很大不同。之前的巡回医疗主要任务是进行防病救灾、支援农业生产以及帮助地方消灭传染病和流行病。自1965年开启的农村巡回医疗则具有重大的政治意义，特别是毛泽东发出"六·二六"重要指示，号召把国家卫生工作的重点放在农村，更是把巡回医疗的开展推向高潮。这些医疗队不仅规模大、人员多，许多著名的医学界专家也纷纷加入。把这么多的城市高级医务人员组织起来长期深入农村，一方面为农民进行防病治病，改善农村长期缺医少药之困境，调整了城乡医疗卫生资源的严重不平衡。另一方面在开展巡回医疗运动时也和社会主义教育运动结合起来，对来自城市的医务人员进行社会主义思想改造，提高他们的阶级觉悟，实现思想革命化。这场运动具有一定的政治意义，在毛泽东看来医疗队下乡运动不仅是一场卫生革命，也是社会主义文化革命的一部分。

在卫生部发出一系列通知后，各地农村纷纷行动起来，组织各种形式的巡回医疗深入农村。1965年2月初，最先由北京市著名的医学专家、教授、老中医以及青年医生和护理技术人员等100多人组成了12个农村巡回医疗队，拉开了全国范围开展巡回医疗的帷幕。这批医疗队首先来到北京郊区农村和湖南农村为农民群众进行防病治病。为了能够更好地开展巡回医疗，卫生部还为这些即将下乡的医疗队举行了座谈会，鼓励他们积极认真开展巡回医疗工作。

在首都医务界的带动下，各地也纷纷响应组织开展巡回医疗。上海、天津、辽宁、安徽、广州、重庆等省、市的医务工作者和部分医科院校师生，分别组成农村巡回医疗队，深入当地农业生产第一线，为广大农民防病治病。许多医学专家、教授和著名中医，都分别参加了各省、市的巡回医疗队。如

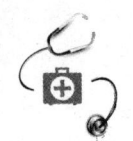

参加上海市医疗队的有外科专家崔之义、妇产科专家郭泉清、耳鼻喉科专家王鹏万、儿科副教授余亚雄和有经验的医师胡志远、宋杰、顾恺时等30多人。参加天津市医疗队的有内科专家朱宪彝、骨科专家方先之、妇产科专家柯应夔和俞霭峰、著名老中医董晓初、结核病专家朱宗尧等。参加广州市医疗队的有内科教授周寿恺、眼科教授毛文书、传染病科教授朱师晦。参加重庆市医疗队的有著名传染病学家钱德、外科教授左景鉴等。❶ 到1965年4月初,全国范围就组织了1 500多个巡回医疗队,有近2万名城市医务人员下到农村开展巡回医疗。❷

上海市从1965年2月开始,先后抽调各级医务工作人员近345人,组成了32个巡回医疗队,分别到嘉定、松江、青浦、金山、奉贤等县开展医疗救治工作。同时,组织参加农村社会主义教育运动的医务人员有1 556人,为农民群众进行医疗救治和疾病预防工作。到1965年4月底,这些医疗队共治疗病人112 000人次,其中仅治疗血吸虫病人就有53 000多人次。医疗队深入乡村影响很大,他们送医送药上门,治疗效果又好,不仅节省了农民的时间,而且减轻了农民的经济负担,广大农民群众纷纷称赞这些医疗队员是"毛主席派来的好医生"。

第一,在巡回医疗中,这些来自城市的医务人员深入农村为广大农民进行疾病的防治,不仅消灭和控制一些急性传染病,并且对当地的常见病进行医治。在治疗中,经常碰到危重病人需要抢救,但农村的医疗技术条件有限,给医疗救治工作带来不少的困难。队员们基本上都能从实际出发,排除个人杂念,本着因陋就简的原则,在非常困难的条件下,抢救危重病人。当时在甘南草原上有一支很有名的巡回医疗队,他们是甘肃省牧区医疗队,医疗队员不怕艰苦,每天背着保健箱串帐房,上门为牧民看病。天水专区医疗队医治了12 000多个病人,其中就有3 000多人是采用针灸方法治疗的。漳县医疗队在农村巡回医疗期间,没有手术室,把办公室清扫消毒后作手术室;没有手术台、器械台,就用桌子代替;没有膀胱截石位用的支架,就砍来树枝代

---

❶ 《坚持卫生工作革命方向,促进卫生队伍革命化 七省市组织农村巡回医疗队为农民防病治病》,《人民日报》,1965年2月26日。

❷ 张自宽:《"六·二六指示"相关历史情况的回顾与评价》,《中国农业卫生事业管理》,2006年第9期。

第三章 农村合作医疗制度的发展

替。在这样简陋的条件下，医疗队先后做了腹梗阻、肛门瘘管等32个较为复杂的外科手术，全部治愈。❶

医疗队本着少花钱治好病，不花钱也治病的原则，在保证治疗效果的同时，尽量减轻农民的经济负担。许多医疗队员积极贯彻"团结中西医"的卫生工作原则，他们打破条条框框，积极学习中西医各种常用治疗方法，并用一些当地的草药来治疗，不仅减轻了农民的经济负担，也治好了农民的疾病。在治疗中广泛运用针灸、推拿、火罐的疗法和单方、土药为农民治病，受到了群众的欢迎。如常州市农村巡回医疗队用一剂疗法为五个农民治疗大叶性肺炎，每人平均只花一元钱就把病治好了。

为了方便急性重病人和行动不便的慢性病人的治疗，很多医疗队在当地开设了临时病房和家庭病床。如在本地段医院内设立少数临时病床，让一些家住得较远、不便随时登门访治的患者可以住院治疗；还对一些离医疗队驻地较近的重症病人设立"家庭病床"，每天送药上门，直到痊愈；而对那些住得较远，又不能住院治疗的重症病人则根据病情，采取不定期的上门访治。总之，开展巡回医疗在很大程度上控制和减少了疾病的发生，减轻了病人的经济负担，缓解了广大农村长期缺医少药，农民没钱看病的问题。

第二，为农村培养了大批基层医务工作人员。在卫生部多次发出的通知中一直强调培训不脱产卫生员是农村巡回医疗的一项重要任务。1965年7月，在全国农村医学教育会议上，卫生部也强调："今后的任务是多快好省地为农村培养大量不脱产、半脱产的卫生人员和半农半医的农村医生，建立一支群众性的农村卫生队伍。"❷ 在毛泽东"六·二六"指示的号召下，各地都加快了对半农半医和卫生员的培养，并依据卫生部发出的《关于培训不脱产卫生员的意见》，对农村卫生人员的选拔对象、培训要求、培训方法等展开具体实施指导意见。

医疗队把培训农村基层卫生人员当作一项重大任务。在培训基层医务卫

---

❶ 《农牧民热烈欢迎毛主席派来的医疗队 甘肃医疗队走遍三百多个公社的生产队》，《人民日报》，1965年10月6日。

❷ 当代中国卫生卷编委会编：《当代中国卫生事业大事记》，人民卫生出版社1993年版，第153页。

生人员时，巡回医疗队注重从实际出发，采取集中或分片培训、巡回辅导、开设夜课等多种方法培训卫生员、接生员，使学员既能完成学习任务，又不耽误生产。在培训内容方面，他们依据学员的文化水平和当地的实际情况，本地有什么病，就讲什么病，学员需要解决什么问题，就解决什么问题。课后还带着学员进行实地实习，让学员不仅学得快，学后又马上可以运用，较好地巩固了所学的知识。医疗队在为农民进行防治疾病的同时，他们还通过临床辅导和举办短期训练班、卫生夜校、炕头讲座等多种形式，有计划地培训农村基层卫生人员。如山西省第一批农村巡回医疗队，采用多种办法培训农村卫生人员，在3个月内，他们先后在12个县培训了1 297名基层医务卫生人员，为生产队培养了4 500多名不脱产卫生员及接生员。在他们走过的地方，每个生产队都有一个卫生员。

第三，开展农村卫生宣传和爱国卫生运动，改善农村环境卫生。医疗队在进行医治和培训卫生人员的同时，还积极开展农村卫生宣传和爱国卫生运动，以改善农村的环境卫生。如河南一支医疗队就积极进行卫生知识的宣传，在他们所到之处除了进行医治工作外，队员们还随身携带两部电影放映机和一部幻灯机，无论走到哪里都可以为当地的社员群众进行卫生知识宣传。电影放映机和幻灯机在当时都是很稀罕的东西，很受社员群众喜爱，放映的内容也多是根据所在生产队的真人真事和一个时期的卫生中心工作编制的。还有的医疗队为了更充分地给社员讲解卫生知识，他们还带着显微镜下乡赶集，组织农民群众在显微镜下观察细菌，向社员讲解各种传染病的患病原因和预防知识。❶

针对一些农村肠道炎及寄生虫病比较多的情况，医疗队就积极为当地群众进行医治，并开展疾病的预防和卫生知识的宣传工作。他们经常带领卫生员向农民宣讲卫生知识，协助社队搞好卫生工作。如江苏连云港的巡回医疗队在连岛公社的两个月中，队员们对当地水源、粪便管理情况等进行了全面的调查并和社队干部以及当地卫生员共同研究制定预防疾病的各项措施。❷ 一

---

❶ 《广大医务卫生人员积极热情下乡上山　为农民健康服务为农村卫生建设服务》，《人民日报》，1965年9月20日。

❷ 《全心全意为农村医疗卫生事业服务》，《人民日报》，1965年10月16日。

些医疗队在地方领导的支持下，大力宣传除四害、讲卫生知识，积极推动农村群众卫生运动的开展，并开始了一批卫生模范村的试点工作。❶

第四，实现城市医务人员的自我改造。开展巡回医疗不仅仅是一项单纯的医治行为，也有其深刻的政治意义。1965年开启的农村巡回医疗是和社会主义教育运动结合在一起的，许多医务人员在参加巡回医疗中，也进行了社会主义教育运动，受到深刻的阶级教育，思想意识和医疗作风发生许多的变化。在巡回医疗中，这些来自城市的医务人员下到农村，与广大贫下中农进一步接触，在村里与社员同吃、同住，了解了许多农村的实际情况。还经常组织访贫问疾，听贫下中农讲家史、村史、人民公社发展史，许多医务人员认为："访贫问疾一席话，胜读十年书。"通过参加这些社会主义教育运动的活动，队员们的思想认识有了变化，自身的阶级觉悟也得到了提高。

在巡回医疗中，来自城市的医务人员、医学专家和教授对农村和农民有了更多的了解，一些队员从实践中认识到过去医疗、教学、研究脱离实际的情况很严重，为谁服务的问题没有得到很好的解决。有一些医学教授也认识到城市医学院的教学重理论、轻诊断，特别是教材里关于农村常见疾病、地方病等知识讲得很少，这不能适应农村医疗卫生工作的开展，不能更好地为广大农民群众服务。医学院的崔之义教授就反映："我们培养出来的学生，只适合在城市的大医院工作，他们想的是当专家，一鸣惊人，这怎么能谈得上为农民服务呢？"在经过参加农村巡回医疗之后，许多医学专家和教授还提出在今后的工作中要进行医学教学改革，要贯彻少而精，教学内容要以广大工农兵的常见病、多发病为重点，真正为广大人民群众服务，特别是农民大众。有的医疗队员在参加过一次巡回医疗后，想再参加，许多队员认为巡回医疗应成为一种制度，坚持下去。

二、培训农村卫生员

在战争年代，由于需要大批医护人员进行伤员的抢救和治疗，因此，中国共产党很早就注重医务人员的培训。通过开设训练班，培养大量的医护人

---

❶ 《毛主席派来的好医生——上海市第一批农村巡回医疗队工作总结》，《人民日报》，1965年9月8日。

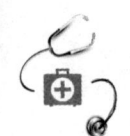

员服务于战争。在陕甘宁边区就经常组织医生带生徒，训练医生、药剂师、医务技术员以及开办护士培训班等多样的培训。如1939年9月，中央医院组织护士训练班，进行护理业务的培训，到1946年，这个培训班共开办了8期，为战争输送了大量的医务工作人员。❶ 1940年11月，陕甘宁边区医院也开设了卫生人员培训班，从当地挑选了一些基层医务人员进行卫生知识和医疗技能的培训。1944年，在陕甘宁边区文教大会上通过了《关于开展群众卫生医药工作的决议》，决议指出要"大量培养卫生人才，开办全边区与各分区的中医训练班、助产训练班与司药训练班，提倡医生和各种医药工作者多带徒弟，以解决边区医药干部的巨大需要"。❷ 可以说，在特殊的战争年代，这些医疗卫生训练班培养的医务卫生人员对落后的边区来说起到了很大的作用，保障了人民的健康和生命。

新中国成立后，国家医疗卫生资源不仅有限，而且在城市和农村极为不平衡。为了改变农村长期缺医少药的现状，国家也致力于发展农村医疗卫生工作，其中一个有效的措施就是培养大量来自农村的卫生人员。从20世纪50年代初期开始，中央政府就开始进行农村卫生人员的培养。1951年，卫生部在《农村基层组织工作具体实施办法（草案）》中强调培养大量基层卫生人员，要大力发展三种形式的基层卫生员，即卫生员、妇幼保健员和护士助理员。关于卫生人员的选拔也是很严格的，首先讲究政治标准，应从"工农子弟、小学教师中选拔；妇幼保健员和护士助理员多从旧式产婆、高小毕业的女生、农村妇女中选拔"，"对他们的培训主要以不脱离生产为原则，进行短期的训练"，并且"卫生员由区级卫生所负责，妇幼保健员、护士助理由县卫生院负责训练"。❸ 根据这一指示，各地农村开始着手选拔人员，培训则主要采用短、平、快的方式进行，培养了新中国成立后的第一批农村基层卫生员。通过培训，广大农村也有了卫生员，即使在比较偏远的云南省，在1956年也

---

❶ 赵士炎主编：《白衣战士的光辉篇章——回忆延安中央医院》，陕西科学技术出版社1995年版，第108页。

❷ 《开展群众卫生医药工作的决议（民国三十三年十一月边区文教大会通过边区二届二次参议会批准）》，《解放日报》，1945年1月8日。

❸ 《中央人民政府卫生部农村基层组织工作具体实施办法（草案）》，选自卫生部基层卫生与妇幼保健司编：《农村卫生文件汇编（1951—2000）（内部资料）》，第247—248页。

第三章 农村合作医疗制度的发展

基本实现了 30 户以上的合作社就有一个保健员，50 户以上的合作社有一个接生员的目标。❶

1958 年，国家的各项工作都在"跃进"发展，农村医疗卫生工作也是如此。在人民公社化运动的推动下，农村基层卫生机构得到快速的发展。许多地方的县里都建立了县医院，农村的联合诊所、农业社保健站以及区卫生所等卫生组织也纷纷组合起来建立了公社卫生院，这些变化使对卫生人员的需求也相应增加。1959 年，卫生部提出要在农村大力培训"四员"❷，以保障各级农村卫生机构人员的稳定和充足。并在发出的《关于加强人民公社卫生工作的几点意见》中指出农村"四员"的选拔要"贯彻青壮老相结合的原则"。❸

随后，卫生部又发出《关于继续加强农村不脱离生产的卫生员、接生员训练工作的意见（征求意见稿）》，要求："从 1965 年起，在 3—5 年内，争取做到每个生产大队都有接生员，每个生产队都有卫生员"。❹ 这份意见在当时对农村卫生人员的培养起到重要的指导作用，如在选拔卫生员和接生员时要求他们有好的出身，是贫下中农子女，具有中小学的文化水平，身体健康，是热爱农村卫生工作的年轻人。通过培训，要求卫生员掌握的基本技能包括：一是要能识别 20—30 种当地的常见疾病，能使用常用药品；学会简易的急救手法，能够处理农村中常见的小伤小病；掌握简易的针灸治疗方法。二是能够积极开展爱国卫生运动，进行卫生知识的宣传，掌握消灭"四害"以及农村管水、管粪的卫生方法。三是学会传染病的简易预防和疫情报告工作。要求接生员掌握的基本技能主要包括：一是学会新法接生，能进行产前检查以及对产妇和新生儿的基本护理工作。二是学会安放子宫托以及放置阴道隔膜等基本治疗技能。三是学会宣传农村计划生育工作。

1965 年，我国医疗卫生工作的重点开始转向农村。1965 年 1 月，卫生部下发《关于组织农村巡回医疗队有关问题的通知》，其中指出巡回医疗的任务

---

❶ 韩俊、罗丹等著：《中国农村卫生调查》，上海远东出版社 2007 年版，第 293 页。
❷ 农村的"四员"是指卫生员、保育员、接生员和炊事员。
❸ 《卫生部关于加强人民公社卫生工作的几点意见》，选自卫生部基层卫生与妇幼保健司编：《农村卫生文件汇编（1951—2000）（内部资料）》，第 9—10 页。
❹ 张开宁等主编：《从赤脚医生到乡村医生》，云南人民出版社 2002 年版，第 17 页。

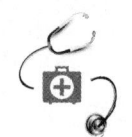

除了要配合社会主义教育运动，开展巡回医疗为农民群众特别是贫下中农治疗疾病之外，另一个重要的任务就是要为生产队培养不脱产的卫生员和接生员。❶同年2月，卫生部又发出《关于认真做好城市组织巡回医疗队下农村的通知》，再次强调培训与巩固农村不脱产卫生员是城市巡回医疗队下农村的一项中心任务。

1965年6月，毛泽东发出了"把医疗卫生工作的重点放在农村"的指示，各地也开始加大对农村卫生人员的培训力度。7月17日，刘少奇在与卫生部领导人的谈话中也谈到了如何培养农村医务人员的问题，认为卫生员的培养一定要适合农村环境，要能解决农村卫生的实际问题，具体来说就是："培养医生、护士，应解决农村卫生问题，程度不要多高，半工半读医务学校和初中学生，高中学生考不上大学都可以招收。城市医生农村养不起，可以到农村去办，为农村培养的医生可以到公社来，分到公社这样不拿国家工资，进修提高也可到农村去办。中西医都要发展，中西医药互相学习。西医科学一些，要以西医为主，中医学些西医科学知识，中医好的东西也要学"。对于农村卫生人员的配置，刘少奇也指出"每个生产大队要有一个半农半医以解决常见疾病，一个生产队要有一个不脱产卫生员，一个公社除内外科等医生外还要有一个能解决常见眼病牙病的医生。"❷同年9月，在中央批转了卫生部党委《关于把卫生工作重点放到农村的报告》中也再次强调要"大力为农村培养医药卫生人员"，并要求农村卫生员的选拔标准应遵循这样的原则，即"对所有卫生人员的选拔和培训都必须注重政治思想条件，抓紧对他们进行政治思想教育"。❸

在中央政府的号召下，各地都在积极开展对农村医务人员的选拔和培训。河南省在1965年8月29日发出了《关于培养农村卫生人员的意见》，要求"根据中央、毛主席关于培养农村卫生人员指示，我们必须迅速地、积极地培养农村卫生人员。预计在三至五年内培养公社医生10 000人；二至三年内培养

---

❶《卫生部关于认真做好城市组织巡回医疗队下农村的通知》，卫生部基层卫生与妇幼保健司编：《农村卫生文件汇编（1951—2000）（内部资料）》，第627页。

❷《按毛主席指示办事，把卫生工作重点放到农村》，《河南省农村卫生工作会议纪要》，河南省档案馆馆藏，档案号：J136-5-691。

❸《中央批转卫生部关于把卫生工作重点放到农村的报告》，卫生部基层卫生与妇幼保健司编：《农村卫生文件汇编（1951—2000）（内部资料）》，第29—30页。

大队亦农亦医的医生35 000人，争取更多些；同时，每个生产队培养一个能治疗小伤小病的不脱产卫生员"。❶

在这个意见的指导下，各地区开始制订详细的培训计划，其中南阳专区的培训计划如下：

其一，关于农村医生的培训。在有600万人口的南阳专区，按照每1 200个农村人口中有一个医生的标准，需要培训5 000名农村医生。解决的途径包括：成立专区卫生学校，培养农村医生，从1966年开始，每年招生200人，五年后可培训出600人；在各医疗单位开展中医带徒，五年可培养343人；依托南阳县中医学校的毕业生，每年有20人，5年就有100人；预计国家每年分配南阳专区大专毕业生平均50人，5年就有250个人；从专、县医院将一些业务能力好、有经验的老护士及助产士提拔为医生。

其二，关于卫生员组长的培训。主要采取以区（社）为单位举办卫校或训练班，也可依据条件单独或联合举办。其中全区大概办150个班，每班有50~60人。师资由专、县医疗卫生单位担任，分别包教各区（社）卫校或训练班。培训时间为6个月，主要集中在农闲期间。挑选一些女卫生员（最好结婚的）进行有关妇幼保健、新法接生及计划生育技术的学习。

其三，关于不脱产卫生员的培训，主要以大队为单位开展，划片定点，实行定时间、定老师、定内容的办法，学习方式采取办夜校和半月学制，对一些居住集中的可采取办夜校方式集中学习，对居住分散的可采取半月学制，即半个月集中学习一天。卫生员学习要灵活，应随时与当前中心工作和当地防病治病相结合。闲时多学，忙时少学或不学。❷ 从南阳地区的培训计划可以看出，依据因地制宜原则实施培训，在5年内基本上可增加1 500名医生，超过了要求指标。

山东莱阳县团旺公社的做法也有地方特点，首先他们选拔一些成分好，思想好，劳动好，具有高小文化程度的当地青年社员，利用农闲时间与农业中学合作进行共同培训。培训总共开设了3门课程，其中业务学习时间有325小时，学习内容包括医疗卫生方针政策、除四害、常见病、传染病、生理常

---

❶《关于培养农村卫生人员的意见（草稿）》，河南省档案馆馆藏，档案号：J136-5-691。
❷《关于培养农村卫生人员的意见（草稿）》，河南省档案馆馆藏，档案号：J136-5-691。

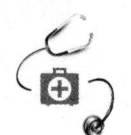

识、外伤处理、针灸、计划生育、农业劳动保护等。此外，还有58小时的政治学习和156小时的劳动教育，主要是帮助他们树立全心全意为农民服务的思想。❶

20世纪60年代中期，国家对农村卫生员的培养主要实施"两条腿走路"的办法，目的是加快培养速度。❷ 具体来说就是一方面通过加强高等医药院校的培养为农村输送医生，一方面以"伸腿"的方式到广大农村，通过开展巡回医疗开办短期速成班或用师傅带徒弟的方法进行各种形式的培训，为农村培养基层医务人员。

1968年后，随着合作医疗的快速发展，对农村卫生员的培训实施了分层培训的模式。首先是对生产队卫生员进行培训，其次是对生产大队保健员进行培训。其中保健员是从卫生员中挑选的一些人品比较优秀、业务水平较好的人员，通过培训使他们掌握几种或十几种农村的地方病、常见病以及急救处理的技能。通常保健员要承担本大队的整个卫生工作，在为广大农民进行一些常见病、急救病的处理工作外，他们还要定期到公社卫生院或县医院接受专业培训以及汇报本大队的卫生工作情况。其中培训的主要内容是他们在日常的治疗工作中遇到的一些难题，以及关于农村卫生防疫、接种等新知识。除此之外，保健员还要指导、督促生产队卫生员的工作实施。

在培训农村不脱离生产的卫生员时，通常都遵循"三结合"和"四落实"的原则。所谓"三结合"是指集中培训与分散培训相结合，卫生防疫与小伤小病治疗相结合，讲与做相结合。在培训内容上，除了学习除四害、讲卫生的知识，还要学习小伤小病的简易防治手段；在教学方法上坚持学以致用，通常是边学边做，以达到讲完就能做。所谓"四落实"是指领导落实、业务指导落实、卫生箱落实、误工补贴落实。即各公社、生产大队以及生产队要专门委派一名干部负责卫生员的培训及行政领导和思想教育；卫生院（所）的医生要加强对卫生员的业务指导，能够在巡回医疗中定期为他们进行培训、复训，帮助他们解决实际工作中遇到的具体问题；每个

---

❶ 《团旺公社培训卫生员很合农民心愿》，《大众日报》，1965年9月5日。
❷ 《全国高等医学教育会议纪要》（1965年9月），河北省档案馆馆藏，档案号：913-2-65。

卫生员要配备卫生箱、药品、器材等必要的设备，保证他们有效开展工作；卫生员原则上是利用业余时间开展医疗卫生工作，没有报酬，但由于繁重的防治工作耽误劳动或是去参加培训学习及开会的人员应给予一定的误工补贴。

第四章
农村传统合作医疗制度的高潮

第四章 农村传统合作医疗制度的高潮

第一节 覃祥官与"乐园公社"合作医疗的创办

1966年以后,合作医疗开始在广大农村地区迅速推广普及,其主要原因一是广大农村长期缺医少药,看病就医的需求比较强烈,二是毛泽东及中央政府大力支持湖北省长阳县乐园公社创办合作医疗。

一、赤脚医生覃祥官

覃祥官是一个有典型意义的赤脚医生,他出生于湖南长阳土家山寨,是地地道道的贫苦农民。1964年,他参加了中医进修班学习,以优异的成绩拿到结业证书,之后在乐园公社卫生所当了一名普通的农村医生。他工作认真负责,为农民进行积极治疗,备受大家的喜爱。由于出生于农村,他对农村长期缺医少药的困境有很深刻的了解,对农民受疾病之苦,无钱治病、无处就医的状况深有同感,特别是许多农民在患病后导致"小病拖大,大病拖垮"的悲惨现状,更是让他揪心。于是,覃祥官在工作时就经常想这样一个问题,怎样才能找到一个适合农村的医疗方式,让每一个普通农民都能看得上病,看得起病,吃得上药,不再受疾病之苦,健康得到基本保障。

1966年春夏之交是乐园公社的农忙季节,广大社员都投入繁忙的农业劳动中。这时却开始流行百日咳、流感等传染疾病,有将近四分之一的社员受到感染,许多人病倒了,由于病人太多也没有钱进行治疗,社员不得不向大队借钱看病。据统计,在当时有六个大队的患者共借5 400多元,这个数额对于较为贫困的农村来说是一项比较大的开支,不仅增加了社员的经济负担,而且影响了集体经济。再加上这一年又发生了自然灾害,粮食减产,公社出现"吃粮靠供应、用钱靠贷款"的局面。一旦再患有疾病,更是苦上加苦,日子过不下去了。许多社员感觉到健康太重要了,认为如果不挖掉"病根"

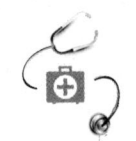

就不能改善"穷根",要想过上好日子就要有健康保障。

这件事情深深影响了覃祥官,促使他要找到一个有效的办法来解决农民看病难的现状。随后,他在杜家村成立了一个卫生室,让广大农民能够看得上病。1966年8月,在一栋普通的土家吊脚楼里,覃祥官挂牌创办了"乐园公社杜家村大队卫生室"。卫生室的具体做法是:每个农民每年缴纳1元钱,其余的从大队集体公益金中按人头拿出5角钱作为合作医疗的共同基金。社员每次看病交5分钱挂号费,吃药就不需要花钱了。这个办法实现了农民在家门口就能看上医,而且对一些常年患病或家庭困难的人还有特殊的照顾政策,深受当地农民欢迎。

为了保证卫生室能够顺利开办,减少购药的经济成本,覃祥官还号召广大社员创办以"三土""四自"为基础的土药房。❶ 在他的带领下,村民组建了土药房并种植一些当地常用且易生长的中草药,还号召社员积极上山采药,采到的药材可以交药换钱,也可以记为工分。他们还自制了一些药品,这些廉价的自制成药和自采中草药充实了卫生室的药房,不仅减少了合作医疗经费的开支,还减轻了农民的经济负担,保障他们的健康,使合作医疗能够巩固并顺利发展。

在杜家村大队的影响下,附近其他村子也开始创办合作医疗。到1967年1月,乐园公社普遍创办了合作医疗,各个大队都建立了卫生室,生产队也建立了医疗站及土药房。这些土药房里通常都有一二百种中草药,基本上都是由社员群众自采自制的,不仅减轻了农民的经济负担,也减少了他们看病抓药误工的现象,保障了身体健康,促进了农业生产。许多社员在参加合作医疗后纷纷称赞,还自编歌赞扬合作医疗,即"土药房真是好,一根针一把草,小伤小病路不跑,分文不花就治好。"❷ 可以说乐园公社的合作医疗实现了农民在家门口就能看病就医,这种方法体现了"出钱不多,治疗便利;小病不出寨,大病不出队"的便利,真正做到"有病早治,无病早防",对于贫苦的

---

❶ "三土"和"四自"是集体化时期创办农村合作医疗一种有效的辅助措施,"三土"指土医、土药、土药房,"四自"指自种、自采、自制、自用。这种办法较好地解决了合作医疗中药材不足的现象,在当时的广大农村极为普遍。

❷ 《把合作医疗网点撒到最基层——长阳县乐园公社生产队办土药房的调查》,《人民日报》,1975年6月25日。

农民来说这无疑是一种极大的福利,深受农民群众的欢迎。

二、"乐园公社"的合作医疗

1968年下半年,乐园公社创办合作医疗的情况引起了中央政府的高度重视。为了更深入了解乐园公社的情况,相关部门还组织了北京郊区黄村和良乡两个公社的一些群众、大队干部以及卫生工作人员进行交流座谈,主要讨论乐园公社合作医疗的实效性。毛泽东也关注了这件事情,在他看了关于乐园公社创办合作医疗的调查报告,以及两个公社座谈会的材料之后,批示了"此件照办",他指出合作医疗是"医疗战线上的一场大革命,解决了农村群众看不起病,买不起药的困难,值得在全国推广",并发出了"合作医疗好"的高度称赞。❶

在毛泽东的支持下,1968年12月5日,《人民日报》在头版转发了《深受贫下中农欢迎的合作医疗制度》的调查报告,并称赞合作医疗制度是一件无产阶级"文化大革命"中出现的新事物,覃祥官也被称赞为"白求恩式的好医生"。报告还总结了创办合作医疗的几点好处,即"解决了贫下中农看不起病、吃不起药的困难,使农民的身体健康有了基本保障,进一步体现了党和毛主席对贫下中农的亲切关怀;把'预防为主'的方针真正落实在行动上;进一步发挥了广大贫下中农的阶级友爱精神,调动了社员的积极性,促进了社会主义卫生事业的发展;防止了资产阶级思想泛滥,加速了医务人员思想革命化和工作革命化"。最后还指出:"农业合作化挖了穷根,合作医疗挖了病根。"❷

随后,国内各大主流新闻媒体也展开了对合作医疗的大力宣传。在《人民日报》的带动下,一些通讯社、报刊、电台等媒体都纷纷转载这篇调查报告。据统计,在当时仅全国的报纸杂志对乐园公社开展合作医疗的情况进行登载介绍的报道就有200多篇,可见其影响之大。而且,《人民日报》作为当时首要的党报,对合作医疗进行深入的报道和讨论。仅在1968年12月到

---

❶ 中共中央文献研究室:《建国以来毛泽东文稿(第12册)》,中央文献出版社1998年版,第604页。

❷ 《深受贫下中农欢迎的合作医疗制度》,《人民日报》,1968年12月5日。

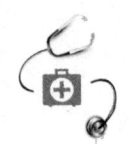

1969年12月的一年期间，就组织了24期"关于农村医疗卫生制度"的专栏讨论，主题是高度赞扬开展合作医疗的优越性，并交流各地办合作医疗的经验以及提出如何进一步搞好合作医疗的有效建议。

在各种新闻宣传及讨论中，乐园公社的合作医疗成为全国的一个典范，不仅卫生部组织专家到乐园总结开办合作医疗经验，许多地方也组织人员到乐园进行参观和学习。由于各地的参观者太多，使当地政府在解决参观人员吃住问题时都成为一个难题，由此可见乐园公社合作医疗在当时的影响是很大的。覃祥官也被新闻媒体高度评价为"合作医疗创始人"，在1969年他还有幸被邀请参加了新中国成立20周年的国庆庆典，站在天安门城楼上观礼并出席国庆20周年招待宴会。

从乐园公社合作医疗的个案中可以看出，正是由于得到了卫生部等上级部门的肯定和毛泽东的大力支持，以及以《人民日报》为主的各新闻媒体的大力宣传，乐园公社的合作医疗才成为全国卫生系统的一个正面典型，它代表了农村卫生革命的方向，成为各地学习效法的榜样，自此也掀起了全国范围大办合作医疗的高潮。据统计，从1968年到1976年，全国各地不断派代表到乐园公社参观学习，在所有的参观人群中，有95%以上的生产大队基本上都按照乐园模式开展合作医疗。❶

为什么合作医疗又被掀起创办的高潮，一个重要的原因是这时开始进入"文革"时期，合作医疗作为无产阶级"文化大革命"中一个新生事物，被赋予了一定的政治色彩，看作一个方向或一个道路的问题，办不办合作医疗不只是一个简单的医疗卫生问题，而是上升为两个阶级、两条路线的斗争。在这样的政治背景下，加上中央政府及毛泽东最高指示的推动下，从1969年起，全国农村再次进入大办合作医疗的高潮，合作医疗迅速发展，实现了全国范围的遍地开花。

---

❶ 《卫生部关于全国赤脚医生工作会议的报告》，选自卫生部基层卫生与妇幼保健司编：《农村卫生文件汇编（1951—2000）（内部资料）》，第420页。

第二节 毛泽东对发展合作医疗的支持

如前所述，农村合作医疗制度之所以能够在全国范围推广，一个不容忽视的原因就是毛泽东的最高指示以及中央政府的权威支持。换句话说，在集体化时期，毛泽东对农村卫生工作的高度关注，以及对合作医疗的有力支持，促进了农村三级医疗预防保健网的建立，推动了合作医疗在全国农村普遍建立。

一、重视农村医疗卫生工作

作为农民的儿子，毛泽东素来就有一种农民情结，这种特殊的情感加深了他对农民及农村的关注，对于农村医疗卫生工作的发展来说他也是非常重视的。早在1929年古田会议时，毛泽东就指出："军政机关对于卫生问题再不能像从前一样不注意，以后各种会议，应该充分讨论卫生问题。卫生机关的组织应特别使之健全，办事人要找有能力的，不要把别的地方用不着的人塞进卫生队去并要增加办事人达到照料完备之目的。医生少和药少的问题要尽可能设法解决，对于医生应注意督促他们看病详细一点，不马马虎虎。"❶ 从这里可见毛泽东对医疗卫生工作很关注，不只是一个表面现象的注意，而是对一些具体的医疗问题，如卫生人员、药品等都有较深的认识。

1933年，毛泽东到长岗乡进行社会调查，发现了当地疾病现象很严重，对百姓的健康危害很大，也影响了革命事业的开展。他指出："疾病是苏区的一大仇敌，因为它减弱我们的革命力量。发动广大群众的卫生运动，减少疾病以至消灭疾病，是每个乡苏维埃的责任。"❷ 在延安，毛泽东更是关注边区的医疗卫生工作的发展，他多次号召边区人民群众要行动起来，同自己的迷信以及不卫生等坏习惯进行斗争。1945年，在《论联合政府》一文中，他又

---

❶ 《中国共产党红军第四军第九次代表大会决议案》，《毛泽东文集》（第1卷），人民出版社1993年版，第112页。转引自张启安：《陕甘宁边区的医疗卫生工作和医德建设》，《中国医学伦理学》，2001年第3期。

❷ 《毛泽东文集》（第1卷），人民出版社1993年版，第310页。

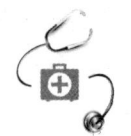

强调卫生健康的重要性，指出："所谓国民卫生，离开三亿六千万农民，岂非大半成了空话。"❶

新中国成立后，毛泽东也是多次强调要关注农民，关心农民的健康，只有如此才能保障社会主义事业建设的广大人力资源。他说："中国的主要人口是农民，革命靠了农民的援助才取得了胜利，国家的工业化建设也同样需靠广大农民群众的援助才能成功"，他还对卫生部门一再指示说："要管的是五亿人口的生老病死，真是一件大事，极其重要"。❷ 显然，毛泽东对农村医疗卫生工作是很关注的，这也是之后合作医疗在广大农村得以形成和发展的一个重要因素，因为在集体化时期，国家最高领导人对各项工作的开展及发动运动来说具有不容忽视的推动力。具体来说，毛泽东对农村医疗卫生工作的重视表现在以下几个方面。

第一，重视农村公共卫生体系的建设。随着农村人民公社化运动，农村的卫生机构建设得到较大发展。主要的发展模式是在各地县级设立人民医院；在公社设立公社卫生院，主要有联合诊所、农业社保健站以及区卫生所合并而成，由公社对它进行管理；在生产大队设保健室；在生产队配保健员、接生员和保育员开展卫生工作。

1959年，卫生部在山西稷山县召开了全国农村卫生工作会议，这个会议推动了国家对农村医疗卫生工作的重视。从1960年开始，国家加快了对农村医疗卫生建设的实践，农村三级医疗预防保健网的形成也得到加强。1960年2月，毛泽东批转了卫生部党组《关于全国农村卫生工作山西稷山现场会议情况的报告》，该报告指出："为了适应新形势的需要，更好地开展农村卫生工作，从县到生产队需要有一个和生产紧密结合、健全的卫生医疗保健网，需要有一支中西医结合、脱产与不脱产人员结合的强大的卫生队伍。目前农村卫生医疗保健网已初步建立起来，但还不够健全，力量比较薄弱，应进一步加强党的领导，积极发展，逐步提高。"❸

这个报告对农村各级卫生机构的建立也有具体安排。首先强调要重视建

---

❶ 《毛泽东选集》（第3卷），人民出版社1991年版，第1078页。
❷ 《毛泽东对卫生工作的指示》，《红旗》，1954年第11期。
❸ 《中央转发卫生部党组关于农村卫生工作现场会议的报告》及《附件》，选自卫生部基层卫生与妇幼保健司编：《农村卫生文件汇编（1951—2000）（内部资料）》，第17—24页。

设县医院。对高等医药院校的毕业生有了新的规定，要求"自1960年起，应有40%~50%的毕业生分配到县医院工作"；对城市医疗机构的卫生人员也有安排，要求"有计划地抽调一定数量的有经验的医生分配或下放到县医院工作"；对医疗设备也进行了新的配置，要求："在1962年以前，统一规划、分期分批地使每个县医院扩充到一百到二百张左右的病床，各主要科室都能配备上较高水平的中西医生。在1962年以前使每县大体上都能有一套比较完整的医疗设备，使县医院真正成为全县技术的中心和培养干部的基地。"❶

其次要重点建设公社卫生院。公社医院起到一个重要的枢纽作用，要求："在1962年以前，大多数的公社卫生院都能配备几名中等专业学校毕业或相当于中等学校毕业的医士、助产士和水平较高的中医，充实一些必要的医疗设备"；对于县医院要求他们要对公社卫生机构进行医疗业务的指导，可以采取"派下去"和"调上来"办法，以提高公社卫生人员的业务水平，帮助解决其工作中的疑难问题。并积极为公社卫生院培训卫生人员，要求："争取在1962年以前基本上实现各县都有中级或初级的卫生学校。不脱产的群众卫生骨干和积极分子在农村卫生工作中起着重要的作用，应该积极地放手地采取各种方式大量培养，不断提高每个生产队要有1~2名经过培训的不脱产的卫生员。"❷

1965年，在毛泽东的推动下，我国医疗卫生工作的重点真正实现了向农村的转移，全国各地纷纷派遣医疗队下乡开展巡回医疗。特别是毛泽东又发出了著名的"六·二六指示"，号召各级政府要重视农村医疗卫生工作的开展，这个指示不仅促进了合作医疗制度的发展，也是农村医疗卫生体系建设的一个转折点。随后，我国医疗卫生资源逐步向农村倾斜，国家加强了对农村医疗卫生机构人力、物力、财力的投入，如大批城市医疗卫生人员被下派到农村，大量医疗器械及医疗经费下拨到农村卫生机构，对农村医生进行了"传、帮、带"，为农村培养来自当地的卫生员等。

1968年，毛泽东对乐园公社的合作医疗发出"合作医疗就是好"的称

---

❶《中央转发卫生部党组关于农村卫生工作现场会议的报告》及《附件》，选自卫生部基层卫生与妇幼保健司编：《农村卫生文件汇编（1951—2000）（内部资料）》，第17—24页。

❷《中央转发卫生部党组关于农村卫生工作现场会议的报告》及《附件》，选自卫生部基层卫生与妇幼保健司编：《农村卫生文件汇编（1951—2000）（内部资料）》，第23—24页。

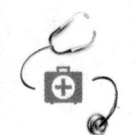

赞。随后，我国农村的合作医疗迅速普及。到1971年年底，全国建立了48万多个合作医疗站，占大队总数的74%。其中赤脚医生有130余万人，平均每个大队有2人。❶农村三级医疗预防保健网也得到完善发展，到20世纪70年代初，以县级医药卫生机构为龙头，公社卫生院为枢纽以及大队卫生所为基础的农村三级医疗预防保健网基本形成。据统计，在1971年年底，"全国52 000多个人民公社，已有公社卫生院和中心卫生院54 000多个。其中卫生人员有71.7万人，平均每个卫生院有13.2人；病床有45.3万张，平均每个卫生院有病床8.3张，并且有三分之一左右的卫生院充实了技术力量，装备了医疗设备，已经初具规模"。❷

第二，号召开展爱国卫生运动，加强卫生防疫工作。毛泽东一向重视动员群众开展爱国卫生运动，认为这是一项促进农村医疗卫生事业发展的有效措施。他指出："除四害是一个大的清洁卫生运动，是一个破除迷信的运动，把这几样东西搞掉也是不容易的，如果动员全体人民来搞，搞出一点成绩来，我看人们的心理状态是会变的，我们中华民族的精神就会为之一振。"❸ 在他的号召下，从1952年春季起，我国就掀起了一场轰轰烈烈的以反对美军细菌战为中心的爱国卫生运动。

为了加强农村爱国卫生运动的开展，1956年1月，毛泽东亲自主持起草了《全国农业发展纲要》，在关于卫生工作的规划中指出要消灭危害人民的最严重疾病，具体是："从1956年开始，分别在五年、七年或者十二年内，在一切可能的地方，基本上消灭老鼠、臭虫、苍蝇、蚊子，开展大规模的除'四害'运动"，并要求在农村要"广泛开展'两管'和'五改'❹，以改进农村的环境卫生和家庭卫生，消灭病源孳生地"。1958年1月，毛泽东视察了国内爱国卫生运动的开展情况，并主持制定了包括14项内容的《工作方法（草案）》，其中第13项和第14项都是关于医疗卫生方面的，号召治疾病、讲卫生，开展以"除四害"为中心的爱国卫生运动。同年3月，毛泽东到四川郫县的红光农业社进行社会调查，深入了解了当地农村除"四害"的工作

---

❶ 全国卫生工作会议文件《关于加强农村公社卫生院建设的意见（讨论稿）》。
❷ 全国卫生工作会议文件《关于加强农村公社卫生院建设的意见（讨论稿）》。
❸ 《毛泽东选集》（第5卷），人民出版社1977年版，第494页。
❹ 所谓农村"两管"是指管水和管粪，"五改"是指改水井、厕所、畜圈、炉灶、环境。

第四章 农村传统合作医疗制度的高潮

情况。

1960年3月,毛泽东亲自起草了《把爱国卫生运动重新发动起来》的党内指示,要求各级领导重视开展爱国卫生运动,由党委第一书记挂帅,重新恢复爱国卫生运动,指出:"现在应该立即抓紧响布置,抓紧总结经验,抓紧检查、竞赛、评比。"❶ 1965年后,随着我国医疗卫生工作转向农村,毛泽东更是高度关注农村医疗卫生工作的开展。他多次指出各级地方要重视农村除害灭病的卫生工作,要经常动员广大群众开展爱国卫生运动,要广泛深入地开展并认真组织检查,以确保卫生工作有实效。可以说,在毛泽东和中央政府的大力支持和提倡下,各地区除害灭病委员会都普遍制订了具体的除害灭病工作计划,宣传讲卫生、预防疾病、美化环境等卫生观念,改善了农村卫生面貌,提高了人民的卫生素质。

卫生防疫也是毛泽东向来关心的工作,早在1933年,他就指出:"疾病是苏区的一大仇敌,因为它减弱我们的革命力量",因此,"要经常发动广大群众的卫生运动,减少疾病以至消灭疾病,是每个乡苏维埃的责任"。❷ 他还亲自签发了临时中央政府颁布的《卫生防疫条例》《卫生运动的纲要》等卫生条例,号召广泛开展群众性卫生运动,改善环境,保障健康。1945年,毛泽东在《论联合政府》报告中强调今后人民的政府要重视保护群众的健康,"应当积极地预防和医治人民的疾病,推广人民的医药卫生事业","对于旧文化工作者、旧教育工作者和旧医生的态度,是采取适当的方法教育他们,使他们获得新观点、新方法,为人民服务"。❸

新中国成立后,新政权也关心人民群众的健康,把对危害人民群众健康最大的20种传染病作为重要的防治目标,并及时组织卫生机构和人员开展防疫工作。到1951年10月,天花、鼠疫、霍乱等传染性较强的疾病得到了有效控制。毛泽东也积极参与国家卫生防疫工作,在《中央关于加强卫生防疫和医疗工作的指示》中指出"就现状来说,每年全国人民因为缺乏卫生知识和卫生工作引起疾病和死亡所受人力、畜力和经济上的损失,可能超过每年

---

❶ 《毛泽东文集》(第8卷),人民出版社1999年版,第149—151页。
❷ 傅连暲:《革命斗争回忆录》,江西人民出版社1979年版。
❸ 《毛泽东文集》(第3卷),人民出版社1991版,第1083页。

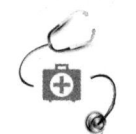

全国人民所受水、旱、风、虫各项灾荒所受的损失,因此至少要将卫生工作和救灾防灾工作同等看待,而决不应该轻视卫生工作",并强调各级政府"今后必须把卫生、防疫和一般医疗工作看作一项重大的政治任务,极力发展这项工作"。❶

在当时,血吸虫病和疟疾对人民群众健康的危害很大,许多地方的人因患此病而死去。以安徽省贵池县柯田村为例,解放前该村子流行血吸虫病,很多人家患上此病并全家死绝,有的人不得不逃亡他乡,到解放时全村只剩下 216 人,其中有 84 人是寡妇,被称为"寡妇村"。❷ 毛泽东很重视对血吸虫病的防治工作,指出:"血吸虫病危害甚大,必须着重防治。"❸ 在许多会议上他也强调血吸虫病是危害人民健康最大的疾病,它关系到我们民族的生存繁衍,关系到农业的生产,关系到青年能不能参军保国,因此,各级领导和卫生部门要认识到问题的严重性,要把消灭血吸虫病作为一项重要的政治任务,卫生部门要全面规划,各级领导要亲自去抓。

为了加强对血吸虫病的防治,毛泽东还发出"一定要消灭血吸虫病"的号召。1955 年 12 月,毛泽东提出要在 7 年内,"基本上消灭若干种危害人民和牲畜最严重的疾病,如血吸虫病、血丝虫病、鼠疫、脑炎、牛瘟、猪瘟等"。对老鼠、苍蝇、蚊子和麻雀这"四害"也要在 7 年内加以消灭。❹ 这份意见随后被写入 1956 年 1 月颁发的《全国农业发展纲要(草案)》中。在《最高国务会议上的讲话》中提出要全党动员,全民动员,消灭血吸虫病。在他的提议下,中央成立了血吸虫病防治九人领导小组,以加强对广大农村卫生防疫工作的领导。在此倡导下,农村卫生防疫工作得到一定的发展,"到 1957 年 4 月我国已有 309 个县展开了血防工作,建立了 19 个专门防治所,236 个防治站,1346 个防治组,已治疗血吸虫患者 76 万人"。❺

特别是消灭江西省余江县血吸虫病的事件,在当时十分轰动。江西省余

---

❶ 《毛泽东文集》(第 6 卷),人民出版社 1999 年版,第 176 页。
❷ 《过去是山村破落炊烟断,现在是田园丰茂人口增,"寡妇村"变成了幸福村》,《人民日报》,1964 年 9 月 22 日。
❸ 《毛泽东书信选集》,人民出版社 1983 年版,第 464 页。
❹ 《毛泽东选集》(第 5 卷),人民出版社 1977 年版,第 262—263 页。
❺ 崔义田:《我国第一个五年计划期间的人民卫生事业》,《医学史与保健组织》,1957 年第 4 期。

江县是血吸虫病最严重的一个地区,当地遭到血吸虫病毁灭的村庄就有40多,广大农民的健康受到很大的危害。在毛泽东号召下,各级部门积极组织开展对血吸虫病的预防和消灭,经过两年多的时间,终于消灭了血吸虫病。1958年6月30日,《人民日报》专门发表了《第一面红旗——记江西余江县根本消灭血吸虫病的经过》一文。毛泽东得知此事后也很高兴,同年7月1日,他亲自写下著名的诗篇——《七律·送瘟神》,深情赞扬广大人民群众战胜了病魔,送走瘟神之后意气风发地建设社会主义的冲天干劲。

在毛泽东的重视和号召下,新中国成立后,我国广大农村地区大力开展讲究卫生、消灭疾病的群众性爱国卫生运动,农村的环境卫生得到了改善,一些天花、黑热病、鼠疫、伤寒等疫情都得到较好的控制。如青海省西宁市等地区因为积极开展卫生防疫工作,普遍施种了牛痘,使天花病例大大减少。到1954年已基本上消灭了天花。那些被治好的农民纷纷称赞:"毛主席的满巴(医生),是我们的救命恩人!"❶ 当中央防疫总队第七大队离开青海省海晏县时,沿途30多里都有少数民族群众送行,可见国家的卫生防疫工作已经深入民心。在20世纪60年代疟疾和血吸虫病大为减少。随后即着手于天花、麻疹、白喉、百日咳、伤寒、小儿麻痹症等疾病的防治,到20世纪70年代后期,这些疾病基本上都得到了有效的控制。❷

二、把医疗卫生工作的重点放在农村

在一个长期以农业为基础的农业国家,现代医疗的文明成果基本上只存在于城市,而且它们也常常遭遇一种无奈的约束,因为有限的卫生资源难以有效支撑广大乡村社会。因此,城市和乡村的卫生资源是极为不平衡的,这些"少数人的福祉"只能属于城市,广大农村通常处于缺医少药状态,农民一旦患病,根本无处可医也无钱去医,他们只能听天由命,得不到及时有效的健康保障。

1950年,在第一届全国卫生会议上,中央政府确立了人民卫生工作的总方针。其中"面向工农兵"作为第一方针,这显示了新国家对人民大众的重

---

❶ 《西北各少数民族地区的卫生工作三年来有很大成绩》,《人民日报》,1952年9月13日。
❷ 陈志潜:《中国农村的医学——我的回忆》,四川人民出版社1998年版,第214页。

视,表明了"人民卫生"的政治理念。在整个20世纪50年代,中央政府进行了各种农村卫生工作实践,从最早的联合诊所、农业社保健站到以"土改"或"四清"工作队之名穿梭于乡村的各种医疗队,这无不表明中央政府对农村医疗卫生工作的重视,对各地农民群众的关心。据统计,到20世纪60年代,我国农村医疗卫生状况得到一定的改善,与解放前的状况相比,各种传染病等发病率大幅度降低,鼠疫、霍乱、伤寒、天花、黑热病等都陆续被消灭,血吸虫病、克山病、大骨节病等地方病也在一定程度上得到控制。农村医疗卫生机构也有所发展,在20世纪50年代后期,农村普遍建立起县、区两级医疗卫生机构,到20世纪60年代初,许多村子也陆续建立了卫生医疗站,并且许多城市也不断派遣医疗队下乡送医送药。❶

但是,一个无法回避的现实是,在一个后发国家中,贫弱的国情注定了现代医疗卫生资源的有限,特别是对于我国地域广大的农村来说,更是面临长期缺医少药的困境。1953年,国家又开始实施过渡时期总路线,这是一种以城市重工业为主导的发展模式,促进了二元社会结构形成,导致城乡医疗卫生现状割裂加深。因此,如前所述,新中国成立初期中央政府即使通过多种措施来开展农村医疗卫生工作,但是这些努力并不能在短期内有效解决广大农民长期缺医少药的状况。到了20世纪60年代中期,我国城乡医疗卫生资源不平衡的状况依旧存在,这个状况也制约了我国社会的全面发展。

1964年,一份卫生部门的统计报告指出了我国城市和乡村医疗卫生资源的不平衡,关于我国卫生技术人员的分布方面,"高级卫生技术人员69%在城市,31%在农村,其中县以下仅占10%"。还有,农村中西医人员的技术水平也很低。关于医疗经费,当时全国卫生事业费有9.3亿余元,"用于公费医疗的有2.8亿余元,占总数的30%;用于农村的有2.5亿余元,占总数的27%,其中用于县以下的仅占16%。"这就是说,用于830万享受公费医疗的人员的经费,比用于5亿农民的还多。❷ 显然,这些数字反映了我国城乡医疗卫生资源之间的悬殊。以浙江宁波鄞县为例,1964年,全县卫生事业费用总支出费

---

❶ 张文、刘家全、王明旭:《中国卫生事业可持续发展研究》,军事医学科学出版社2000年版,第36页。

❷ 《中央批转卫生部党委关于把卫生工作重点转向农村的报告》,《农村卫生文件汇编(1951—2000)(内部资料)》,第27页。

用为296 038元，其中公费医疗支出数额为143 874元，用于城镇医疗支出为44 000元，而用于农村医疗支出费用仅25 066元，占全年卫生费用支出的8.3%。❶

这种悬殊不是偶然的。自1952年11月起，我国就开始在国家工作人员以及在乡的残疾军人中实行公费医疗。到1953年，享受公费医疗人群扩大到乡干部、大专院校学生等，显然，能够享有国家公费医疗的人数是很有限的，他们多集中在城市，而广大农民的看病方式则多为自费就医。到20世纪60年代中期，国家在乡村医疗卫生建设上也有许多的努力，农村的医疗卫生机构和人员的发展较解放前已经有了很大改善。如在全国2 000多个县里，除了极少数县之外，基本上都建立了1~2个以上的县医院，但这些还是不能有效解决广大农村地区长期缺医少药之困境，农村与城市的医疗卫生资源依据存在一定的差距。这些差距导致了农民看病难，特别是高昂的医疗费，使不少农民因病致贫。湖北长阳乐园公社的赤脚医生覃祥官就对此有很深刻的感受，这也是他为什么要辞掉工作在村子里办合作医疗的原因，他回忆说："因为自己抬木料病倒了，卖了两匹马用换来的钱请医生给看病，结果钱全部花光了病还没治好，躺在家里直喊疼，就认为医生蛮重要。后来二女儿害了肺炎，那时候还没有西药，就是吃点中药，也没治好就死了，这件事对他触动很大，认为医生是生命，医生是救人的，于是就下决心学医为穷人治病。"❷

还有一个案例也反映了这个现实。北京同仁医院副院长张晓楼在参加农村巡回医疗队时，对农村长期缺医少药，农民因疾病痛苦的现状也深有体会。他在大兴县参加农村巡回医疗时，起初认为这里离北京不远，交通也还算便利，那些眼病患者想必早就去城里的医院进行医治了，可能不会有太多的病人。但是，当他们背着药箱挨门串户为贫下中农检查和治疗眼病的时候，他却发现事实并不是这样的。据他回忆："有一对身强力壮的中年夫妇，男的右眼因全部角膜长了白斑失明，左眼患有翼状胬肉。女的双目患重沙眼，眼睑内翻倒睫，磨得角膜全部浑浊，已经失明十几年。经过检查，他俩的眼病，看来很严重，但眼睑内翻倒睫和翼状胬肉并不难治，顶多花三块钱就可以治

---

❶ 《宁波专区1964年卫生事业经费开始情况》，鄞州区档案馆，卷宗号：70-016-003。
❷ 引自纪录片《赤脚医生》的访谈，中国中央电视台，2006年出品。

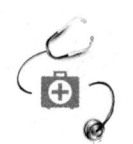

好。我们很纳闷：这对夫妇为什么宁愿忍受着失明的痛苦不到城里医院治疗呢？病人的答复却出乎我们的意料，他们说：'人家都说没有一百块钱，休想让城里大夫在眼上动刀！'"❶ 可见，在农民的心中城里大医院的"门槛"是很高的，他们是进不来的，这个时候，我们才懂得这两位病人不愿到医院治病的原因。还有一位大兴县的贫农杨大娘，左眼患白内障病多年，医疗队给她做了白内障手术，只花了6元钱就把眼病治好了，而在9年前她在这家医院做同样的右眼手术时所花的费用是70多元钱，两者之间相差了10倍以上。这件事情表明当时在我国农村还有许多普通的农民不仅看不上病也看不起病，农村的医疗卫生状况还是相当落后的，这些情况大大出乎城里医生的意料。

毛泽东对城乡医疗卫生资源不平衡的状况也有关注。在1955年，他就指出卫生部太关注城市医疗卫生的发展，对广大农村地区比较严峻的医疗卫生现状缺少重视。诚然，直到20世纪60年代，卫生部门主要在一些县城修建了医院及卫生所，还组织城市的巡回医疗队到边远的地区进行送医送药，开展疾病预防等工作，在基层农村医疗卫生保健方面所开展的工作还是很少的。特别是在一些偏远的地区及交通不便的山区，农民缺医少药现状还是比较普遍的，许多农民患病后看不起病，导致不能生产甚至死亡。这些事实说明了自1958年国家对农村医疗卫生保健工作的建设所取得的实质性进展并不容乐观，这与毛泽东对广大农民健康需要的极为关注形成一定的差距。

1965年，我国城乡医疗卫生资源不平衡的现状引起毛泽东及中央相关部门的重视，由此也开启国家医疗卫生工作重心真正转向农村。1965年1月，在三届全国人大第一次会议上，毛泽东对卫生部的工作提出质疑："卫生部想不想面向工农兵，为什么把医学教育年限搞得那么长？"卫生部也马上作出反应，邀请了出席会议的卫生系统代表，以及出席第四届全国政协会议的卫生系统的40多名代表召开座谈会，就如何落实医疗卫生工作面向农村发展的问题进行了讨论。同年6月，毛泽东又发出了著名的"六•二六"指示，批评卫生部是城市老爷，指出要"把医疗卫生的重点放到农村去"。由"六•二六"指示的发出，在全国上下也激起了各级政府对农村医疗卫生工作的重视。

---

❶ 《为什么医疗费相差十倍——访北京农村巡回医疗队同仁医院医生》，《人民日报》，1965年6月9日。

第四章 农村传统合作医疗制度的高潮

这个指示指出要把国家医疗卫生工作的重点放在农村,对农村合作医疗的发展起到关键节点的作用,促进了自1962年后几乎处于停顿状态的合作医疗,使其再次重新发展,并在全国农村实现了遍地开花。

1965年9月3日,根据毛泽东的意见,卫生部在上报的《关于把卫生工作重点转向农村的报告》中也明确指出国家医疗卫生资源要真正转向农村,各级政府要重视农村医疗卫生工作,要大力加强农村卫生工作的落实,并做到经常保持三分之一的城市卫生技术人员和行政人员在农村。报告还对卫生资源如何在农村配置进行了具体的安排,就是"把医疗、防疫、教育科研等机构均分出成套的人力、设备由城市伸延到农村,每个单位包一个至几个县或区,搞好一片,巩固一片,抽调城市卫生人员作为种子,长期留在农村工作,继续组织巡回医疗队或其他形式的临时医疗组织到农村工作,特别是到山区和偏僻的地方去"。❶

同年9月21日,中央政府批转了卫生部的报告并强调:"必须把卫生工作的重点放在农村,认真组织城市卫生人员到农村去,为农民服务,培养农村卫生人员,建立和健全农村卫生基层组织,有计划有步骤地解决农村医药卫生问题。"❷ 11月1日,周恩来在接见中华医学会会议代表时,也谈到了我国农村和城市的人口悬殊,要重视农村的医疗卫生工作,并指出:"如果我们的卫生工作不把重点放到农村,为绝大多数劳动人民服务的口号等于没有兑现,一定要组织大中城市、工矿企业、机关、学校以及军队的医务人员,分期分批组成医疗队,到农村去,主要做两件事:一是治病,一是培养医务人。"❸

在毛泽东发出"把医疗卫生的重点放到农村去"的号召下,国家医疗卫生工作的重点开始转向农村地区,即"国家卫生资源中的人力、物力以及财力等逐步转向农村,大批城市医务人员也到农村,到边疆,走与工农相结合的道路"。❹ 随后,各地政府都开始把医疗卫生工作的重心放在农村。到1965

---

❶ 《卫生部党委关于把卫生工作重点放到农村的报告》,《人民日报》,1965年9月21日。
❷ 《卫生部党委关于把卫生工作重点放到农村的报告》,《人民日报》,1965年9月21日。
❸ 《中华人民共和国国史全鉴》,中央文献出版社1996年版,第3455页。
❹ 《卫生战线的深刻革命——纪念毛主席"六·二六"指示十周年》,《人民日报》,1975年6月26日。

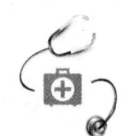

年年底，全国就有15万城市医务人员深入农村为农民送医送药，开展医疗服务。在医疗卫生资源向农村的转移中，一些城市医务人员被动员到农村安家落户，医学院校的毕业生也都分配到农村基层医院工作。在卫生事业经费的配置上也主要分配到县医院和公社卫生院，农村卫生人员和医疗设施也得到了发展，其中，县医院和公社卫生院的医务人员数量有了较大增长，床位增加了，医疗设施得到较大改善，配备了手术床、显微镜等医疗器械。可以说，医疗卫生资源向农村的转移极大地推动了农村卫生事业的发展。

合作医疗制度也得到了发展，全国已有湖北、山西、江苏、江西、广东、福建、新疆等多个省区一些农村实行了合作医疗。❶ 如山东省自1965年就多次派遣巡回医疗到农村，到1975年，仅在县以上的医院就先后组织了近十万多人次参加巡回医疗。

合作医疗是由农民创造的一种民间自发的医疗卫生制度。它的推行离不开毛泽东及中央政府的支持，特别是在集体化时期，毛泽东的指示具有一定的政治权威，他对合作医疗的提倡、支持等看法往往成为党和国家的最高决策。可以说，在合作医疗发展的过程中，毛泽东发出的一些讲话、批示或称赞、支持等，都对合作医疗有影响，有的还成为最高指示。为了响应毛主席的指示，各级政府也都是积极贯彻指示，采取行政命令和政治动员的方式大力推行，这必然使合作医疗制度能够在全国范围内得到推广。

从1956年到1968年，中央政府就有4次发出关于发展农村合作医疗的种种指示或政策，特别是湖北长阳县乐园公社创办合作医疗后，毛泽东专门对此作了重要的批示，并发出"合作医疗好"的称赞，这个称赞就像是一个最高指示，使乐园公社成为全国农村学习的榜样，各地纷纷开始兴办合作医疗，极大地促进了合作医疗的发展。据统计，合作医疗的覆盖率由1958年的10%增进到1962年的50%，到20世纪70年代中期时，就达到了90%的最高点。显然，合作医疗的发展离不开毛泽东的大力推动。特别是1965年，他又发出"把医疗卫生工作的重点放到农村去"的指示，扭转各级政府在卫生政策执行中重城市轻农村的局面，推动了国家医疗卫生工作的重心真正转向农村，促

---

❶ 当代中国丛书编辑委员会：《当代中国的卫生事业（下）》，中国社会科学出版社1986年版，第65页。

进农村医疗预防保健体系的建立，使处于停滞状态的合作医疗再次获得发展的契机，实现了在全国范围的迅速发展。

第三节 大众传媒和政治运动的影响

合作医疗发展的原因是多方面的，其中大众传媒的舆论宣传以及政治运动的推动对合作医疗的发展有着重要的促进作用，以下主要对这些因素进行分析。

一、大众传媒对合作医疗的宣传

集体化时期，大众传媒扮演了浓郁色彩的政治宣传角色。通过报纸、广播、电台、电影等传媒工具的大力宣传使广大民众了解国家的方针、政策。农村医疗卫生问题也是大众传媒关注的一个重点。1955年，伴随农业合作化运动的开展，河北、河南、山西、湖北等省的农村比较早地就出现了合作医疗，一些报刊对此事进行了深度报道。其中，作为卫生部机关报的《健康报》对河南省一些地方举办合作医疗情况就发表了评论，在《让合作医疗遍地开花》一文中指出："伴随着人民公社的建立和民办医疗卫生事业的发展，一个规模巨大的共产主义的互助运动——全民性的合作医疗正在河南省全面展开"。[1] 这篇评论还指出合作医疗是一种具有共产主义性质的公共福利事业，要大力推广这种群众性的新的医疗制度。因为它能积极贯彻国家预防为主的卫生方针，能够较好地对农村地区的疾病进行预防和治疗，不仅方便了基层农民群众就医，也能促进农业生产。

1959年，在山西省稷山县召开全国农村卫生工作会议，会上卫生部正式肯定了农村合作医疗制度。随后，卫生部还提出要符合农村实际发展农村卫生工作的方针和意见，促进合作医疗制度的发展。1960年5月18日，《健康报》再次发表社论指出合作医疗是一种集体医疗保健制度，是农村群众的创举，各级政府要加强领导，统一认识，积极推行，认真办好，并总结推行合

---

[1] 《让合作医疗遍地开花》，《健康报》，1958年9月13日。

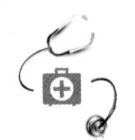

作医疗有利于贯彻"预防为主"的方针,有利于社员治病,有利于巩固和发展公社的医疗卫生组织,更有利于生产,是乡村广大社员的迫切要求。

1968年,毛泽东在看到湖北省长阳县乐园公社创办合作医疗制度的情况后,大为赞赏发出"合作医疗好"的称赞,自此合作医疗开始在全国范围内迅速开展。伴随之,各种新闻媒体也开始对合作医疗进行大力的宣传,其中《人民日报》就对合作医疗进行了重点宣传。作为中共中央的机关报,《人民日报》是"党和政府的耳目喉舌",❶ 是国家意识形态制造及传播的首要平台,通过它传达不同时期党的各种方针及政策,具有较高权威性。在集体化时期,《人民日报》经常报道农村医疗卫生工作的情况。如在20世纪50年代主要对爱国卫生运动、卫生防疫、细菌战进行报道,20世纪60年代则主要集中于对农村巡回医疗队、合作医疗、赤脚医生等进行报道。

1968年,《人民日报》首先拉开了宣传合作医疗的高潮。1968年12月5日,《人民日报》在头版发表了《深受贫下中农欢迎的合作医疗制度》一文,报道湖北长阳县乐园公社创办合作医疗的经验,文中还总结了合作医疗的几点好处,如"解决了贫下中农看不起病、吃不起药的困难,使预防为主的方针真正落实在行动上"。❷ 与此同时,报纸还刊载了北京郊区的一些贫下中农、干部及医务工作者对乐园公社创办合作医疗的反映。这篇社论发表后在全国引起了极大的反响,随后,《人民日报》组织了全国范围关于农村医疗卫生制度的一系列讨论,主要以宣传合作医疗的优越性,交流创办、巩固合作医疗的经验为主题。仅在1969年,关于合作医疗的报道就有233条,这反映了对合作医疗的宣传与当时的政治需求有一定的关联,说明国家政治和医疗卫生工作的紧密结合。

的确如此,在"文革"时期,办合作医疗已成为一个政治问题,搞不搞合作医疗,发不发展赤脚医生,这些不是一个简单的医疗卫生工作,而是两条道路的选择,是走社会主义道路还是资本主义道路的政治觉悟,是一个阶级斗争的政治问题。如在对乐园公社经验的宣传以及对该公社赤脚医生覃祥官的高度评价中,新闻媒体的舆论宣传起到了不容忽视的作用,而对一些质

---

❶ 李良荣:《新闻学导论》,高等教育出版社1999年版,第99页。
❷ 《深受贫下中农欢迎的合作医疗制度》,《人民日报》,1968年12月5日。

第四章 农村传统合作医疗制度的高潮

疑或反对的声音，媒体也用其强有力的音符给予有力的批判和打击，被视为一种落后的思想甚至"反动"的做法。

在《人民日报》的带动下，湖南、湖北、黑龙江、吉林、山西、陕西、广西、甘肃、青海等许多地方的主流报纸也纷纷开辟专栏进行讨论。许多普通民众被激发出一定的政治热情踊跃参与讨论，如贫下中农、赤脚医生、医务工作者、机关干部、解放军战士等纷纷写稿写信参加讨论，❶ 这种热烈的讨论一直持续到1976年。据统计，仅《人民日报》就组织了107期关于合作医疗的讨论，通过各界广泛讨论扩大了合作医疗的影响，推进各地创办合作医疗发展的速度。而这种舆论也具有一定的政治影响，因此合作医疗被当作"文革"时期的一个新生事物，各地政府把它的推行看作政府的头等大事来抓。

除了报刊外，其他的媒介诸如广播、电台、戏剧、电影、展览、墙报、年画、漫画、演讲等多种形式的宣传都推进了合作医疗的发展。其中电影是那个年代国家向广大民众进行影像传播的首要媒介。新中国成立后，中央政府通过在城镇建设影院大力发展群众的文化事业，并且还有2000多个流动的放映队将电影送到偏远的工矿企业及乡村之中。据统计在1954年，全国电影观众达8.22亿人次，其中工农观众占70%以上。❷ 在"文革"时期，在极左政治思潮的影响下，电影几乎被样板戏所充斥。但是有两部以赤脚医生为主题的电影在当时极有影响力。一部是电影《春苗》，影片以现实生活中赤脚医生为原型，描写了乡间赤脚医生田春苗克服重重困难，身背药箱，走田头串巷尾为农村普及医药知识，为农民救死扶伤的故事。另一部是《红雨》，这部电影的主题歌"赤脚医生向阳花"家喻户晓，其中的歌词——"一根银针治百病，一颗红心暖千家"深入广大中国人民的心中。这两部反映合作医疗的电影深深影响了那个时代的人，一些年轻人把当一名赤脚医生作为自己的理想。

还有一部由美国斯坦福大学的几位学者拍摄的一部名为《中国农村的赤脚医生》的纪录片也很有名，这部影片真实记录了赤脚医生的工作情况，如

---

❶ 《各地报纸动态》，《人民日报》，1969年2月。
❷ 戚吟：《十七年电影再反思》，《文艺理论与批评》，2005年第5期。

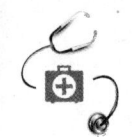

他们就地取材、土法炮制，针对农村常见病的药物治疗和小小银针为广大农民进行治疗。这部有52分钟的纪录片真实宣传了中国政府通过创办合作医疗保障亿万农民的健康，特别是片中展现了来自农村的赤脚医生，他们面孔黝黑、肩挎药箱、头戴斗笠、赤脚走在田间地头为农民送医送药的形象在国际上引起了强烈反响，赢得了广泛的赞誉，并形成一股"中国赤脚医生热"的现象，一些国际卫生组织和国家卫生机构纷纷组织人员来我国参观合作医疗，把合作医疗制度及赤脚医生也推向了世界。

小说、诗歌、散文等文学作品也以其独特的方式宣传合作医疗。其中有一部叫《映山红》的小说在当时就很有名，它反映了赤脚医生不辞劳苦为广大农民进行医治的工作状态，感动了许多人。还有许多歌曲对赤脚医生进行大力歌颂，在当时有一首叫《合作医疗开红花》的歌曲很为流行，其歌词"山前山后石榴花，满坡满岭映彩霞，赤脚医生走苗寨，一支药箱肩上挂，一颗红心为人民，行行脚印遍山崖，翻山越岭采草药，细探病情做调查，毛主席教导记心间，合作医疗开红花，药箱虽小情意重，银针闪闪放光华，风里雨里勤出诊，医药送到社员家，劳动治病相结合，群众当中把根扎"被广为传唱。这首歌不仅表达了创办合作医疗的好处，也歌颂了赤脚医生不辞辛劳、全心全意为人民服务的精神，称赞赤脚医生的工作方式，特别是他们身背一个药箱到田间地头为农民送医送药，用施针灸、煎草药这些便宜的治疗手段为农民进行医治，保障他们的健康。

二、政治运动与卫生工作相结合

集体化时期我国医疗卫生工作有着不同寻常的政治意义，毛泽东也曾表明开展医疗卫生工作是很重要的，卫生工作不是一项孤立存在的单一工作，它有利于生产，有利于各项工作，它具有一定的政治意义。

李德成在对合作医疗的研究中认为政治运动与卫生工作相结合是合作医疗发展的外部助力。❶ 的确如此，集体化时期我国社会制度的每次重大变革都离不开政治运动的推动，合作医疗的形成和发展也是如此。从20世纪50年代起，合作医疗伴随合作化运动的出现，到1969年在全国范围普及和推广，

---

❶ 李德成：《合作医疗和赤脚医生研究（1955—1983年）》，浙江大学博士学位论文2007年。

第四章 农村传统合作医疗制度的高潮

每一阶段的发展都有政治运动的强力推动。在新中国成立初期制定的国家卫生方针中的第四条就明确指出了卫生工作要和群众运动相结合，这条方针指导着我国医疗卫生工作的发展，在之后的每一次卫生变革中，都是以与群众结合的方式推行，无论是大到爱国卫生运动还是小到防治血吸虫病，这些卫生工作无不是通过政治动员的方式开展。换句话说，政治上的高度重视和强大的政治动员力使合作医疗获得了重要的外部支持。

在合作医疗的发展过程中，由于得到政治上的强大支持，合作医疗成为重要的政治任务，运用政治动员大力推动。1968年，毛泽东批示"合作医疗好"，这更是对农村合作医疗的最高政治动员，在集体化时期，贯彻领导人的指示是很迅速的。对毛泽东的最高指示是否支持，则是一个政治态度和政治路线的问题。支不支持合作医疗，关系到是不是团结贫下中农，是不是支持社会主义新生事物，是不是执行毛主席无产阶级卫生路线的问题。同年12月5日，在《人民日报》头版刊登的《深受贫下中农欢迎的合作医疗》中，就指出湖北乐园公社创办的合作医疗是一条路线斗争，是冲破了刘少奇在卫生战线上反革命修正主义路线，创办合作医疗就是贯彻执行毛主席的无产阶级卫生路线。

为了贯彻中央政府的最高指示，响应毛主席的号召，许多地方政府把推行合作医疗作为政府的重要事务，在推广中领导亲自来抓，并广泛运用群众性的政治运动方式。如甘肃省张掖地区革命委员会在推广合作医疗时，就是"基本上做到第一把手经常抓，分管领导具体抓，各委员配合抓，各种会议强调它"，"坚持地、县每年召开2次以上较大规模卫生工作会议，集中研究解决合作医疗带有倾向性的问题"，"坚持每年对合作医疗进行一次全面整顿，及时解决存在的各种问题。"❶ 在20世纪70年代初，一些地方的合作医疗出现了回落，后随着"批林整风"政治运动，使合作医疗又得到巩固与发展。如江西省在1972年有一些县的合作医疗出现垮台，省革委会借"批林批孔"运动开始整顿，要求以批林批孔为纲，有计划地对合作医疗进行一次整顿，要求对于垮了的或没有办的要积极创造条件尽快办起来，对于转了向的要坚决纠正过来，到1975年年底，全省的合作医疗又发展起来，达到了76.5%的

---

❶ 人民卫生出版社编：《怎样办好合作医疗》（第3辑），人民卫生出版社1975年版，第26—37页。

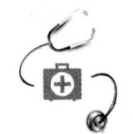

覆盖率。

在集体化时期政治动员之所以能够迅速开展实施,一个重要的因素就是依赖高度集中的社会组织体系。新中国成立后逐渐形成了一套高效的组织体系,即中央政府对地方政府、地方政府对基层单位、基层单位对个人的高度集中和控制。这个高度集中的组织体系把广大人民群众都纳入国家行政体系中,一旦有上级的命令或领袖的最高指示,往往都能够以政治运动的方式在全国迅速开展。如1965年,毛泽东发出"把卫生工作的重点放到农村去"的重要指示后,农村巡回医疗运动就是由国家发出号召的一场政治运动,在强大的政治动员下各地纷纷组织城市医务人员深入农村开展巡回医疗,并且这场运动一直持续到1975年。

然而,在集体化时代结束之际,随着阶级斗争意识的淡化,大规模的政治动员难以再发动,合作医疗也不再是一项政治任务了。这种变化主要是因为时代不同了,在改革开放时期社会价值取向是多元化的,政治氛围逐渐淡化,社会动员中政治感召力的影响降低,难以以政治运动的方式来推进合作医疗的推行。改革开放后,国家对农村基层行政组织的控制松弛,在基层社会的号召力也降低,难以以政治运动的方式对农民进行动员,尽管各级政府也试图采取措施去巩固发展合作医疗,但是整个社会环境发生了重大变化,合作医疗也逐渐衰落。十一届三中全会后,国家工作重心发生转移,由阶级斗争转为经济建设,合作医疗不再是一场"卫生革命"了,也不能再运用政治运动的方式去发展合作医疗了。

第四节 农村合作医疗制度的实施者——赤脚医生

乡村医生在我国广大农村比较普遍,自清代以来,无论是草泽铃医、保健员还是赤脚医生,他们在不同时代以不同的方式为缺医少药的广大农村提供基本的医疗服务。其中赤脚医生队伍在乡村医疗史上最有影响,他们在整个集体化时期为最多的农村民众进行治病防病,保障了他们的基本健康,而这一时期也是中国乡村社会医疗变革最剧烈的年代,本部分将对赤脚医生的产生、选拔、培训、待遇、工作内容等方面进行具体分析。

第四章　农村传统合作医疗制度的高潮

一、赤脚医生的产生和选拔

1968年夏，上海《文汇报》发表了一份重要的报告，在《关于上海郊县赤脚医生发展状况的调查报告》中首次出现了"赤脚医生"这一名词。这篇报告主要介绍了上海江镇公社半农半医不仅不拿工资，而且一边种地一边行医，经常往返于田间地头为病人赤脚行医。这篇报告也引起了毛泽东的关注，他特地批改，《红旗》杂志上发表了《从赤脚医生的成长看医学教育革命的方向——上海市的调查报告》一文。文中指出"赤脚医生"是上海郊区贫下中农对半农半医卫生员的亲切称呼，并详细描述了赤脚医生的工作状况：即他们亦农亦医，一边参加农业生产劳动，一边从事卫生工作；他们的待遇等同一般的劳动力水平，生产队给一些补贴，农民也养得起；主要的工作是贯彻"预防为主"方针，能诊治近一百种的农村常见病、多发病，能使用近一百种药物；主要从贫下中农且有文化的子女中挑选，在经过集中培训后到实践中学习。此外，文章还指出我国的医学教育必须为无产阶级政治服务，医学院校要从赤脚医生和卫生员中招生，要坚持提高为无产阶级政治服务，要培养医生全心全意为人民服务的精神，要把医疗卫生工作的重点放到农村去。❶ 由此，"赤脚医生"这一名词在全国广为流传，随之也引发了我国农村卫生领域的一场重大变革。

1968年12月5日，《人民日报》又发表了《深受贫下中农欢迎的合作医疗制度》一文，介绍湖北长阳县乐园公社的合作医疗制度，以及公社赤脚医生覃祥官是"白求恩式"的好医生。随后，合作医疗开始在全国农村普遍推广，大部分生产大队都建立了合作医疗站，赤脚医生也大量涌现，作为农村最基层的医务人员，他们的选拔、培训及管理等也都纳入了国家农村医疗卫生工作的建设中。

尽管赤脚医生这个名词出现得较晚，但这种性质的医务人员却是早就出现了。合作医疗兴起后，各级卫生机构都注意培养农村基层卫生人员。自1965年起，我国农村医疗卫生工作发生了重大转折，开始向广大缺医少药的

---

❶ 《从"赤脚医生"的成长看医学教育革命的方向——上海市的调查报告》，《红旗》，1968年第3期。

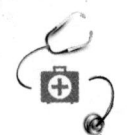

农村转移。1965年1月31日,卫生部发出《关于组织农村巡回医疗队有关问题的通知》,规定了巡回医疗的具体任务,一是开展巡回医疗,为农民群众特别是贫下中农治疗疾病,二是为生产队培养不脱产的卫生员和接生员。并发出了通知的附件《关于培训不脱产卫生员的意见》,这份意见指导着农村卫生员的培养,其中对培养对象、培训方法以及培训内容等进行了详细的规定,之后在发展赤脚医生队伍时也基本上是按照这个意见实施的。

1965年6月26日,毛泽东发出"把医疗卫生工作的重点放到农村去"的重要号召,把开展巡回医疗运动推向了高潮。随后,在中共中央转批卫生部的《关于把卫生工作重点放到农村的报告》中再次指出要加强对农村卫生员的培训。要求各地因地制宜采取多种方式大力培养农村基层卫生人员,并强调要争取在较短的时间内实现这一目标。1969年后,全国各地都把开展合作医疗和培养赤脚医生作为政府的头等大事来抓,赤脚医生迅速在全国各地大量涌现,许多报刊、广播等新闻媒体也大力宣传他们的先进事迹,赤脚医生在全国遍地开花。

1969年河南开始兴办合作医疗,到1970年,仅大队办的合作医疗就已占到总数的79%,1976年则达到了91%,其中有15万名赤脚医生。❶ 江西省在1969年年初就开始大力培养赤脚医生,在省革委会文件《关于大力培训"赤脚医生"的决定》中指出:1969年要培训6万~8万名赤脚医生,1969年到1970年培训15万名赤脚医生,保证每个生产大队有6~7名的赤脚医生。❷ 到1971年,江西省有85%的生产大队普遍创办了合作医疗,建立了大队卫生所,其中培训5 000余名赤脚医生。通常每个卫生所有2~4名赤脚医生,1~2名草药医生和下放卫生人员。❸ 广东省也大力发展合作医疗,其中在1977年就有赤脚医生73 471人,其中女赤脚医生有2.3万人,占总数的31.4%。按当时的广东省人口计算,平均每千人口有1.5名赤脚医生,每个大队3名赤脚医生。❹ 江苏省也注重培养农村卫生人员,到1975年年底,全省共有不脱产的

---

❶ 《关于我省农村合作医疗情况的报告》,河南省档案馆馆藏,档案号:J136-27-3029。
❷ 《关于大力培训赤脚医生的决定》,江西省档案馆馆藏,档案号:032-2-059。
❸ 《关于全国农村实行合作医疗的报告》,江西省档案馆馆藏,档案号:026-1-005。
❹ 广东社地方史志编撰委员会编:《广东省志·卫生志》,广东人民出版社2003年版,第520页。

生产队卫生员67 679人，接生员有28 842人，赤脚医生有42 560人。❶

总的来说，作为合作医疗制度的执行者，各地都在大力培训赤脚医生。到 1975 年年底，全国已有 1 559 214 名赤脚医生、615 184 名接生员和 3 282 481名卫生员。❷ 在最鼎盛时期，赤脚医生的人数达到180多万名，还有70多万名接生员，350多万名卫生员，合计全国农村医疗卫生人员超过500多万人，这个数字大大超过了当时卫生部所拥有的卫生人员的总量。❸

关于赤脚医生的选拔是很严格的，注重政治标准。新中国成立后，中央政府就重视对农村基层医疗卫生人员的培养，在人员的选拔上一贯把阶级成分、思想政治这些因素放在首要位置上。早在1951年，卫生部就发出《农村基层组织工作具体实施办法（草案）》，指出要从工农子弟、小学教师或在校学生中选出基层卫生人员。1965 年，在《关于继续加强农村不脱产卫生员、接生员训练工作的意见》中，也把家庭出身好、政治觉悟高作为首选条件。而在《关于大力培训"赤脚医生"的决定》中更是强调阶级成分的重要性，要求赤脚医生必须由贫下中农推选，要出身好，政治思想好。可见在当时的社会背景下，国家在选择能够胜任农村医疗卫生工作的人员时，把阶级成分好、家庭出身好、政治思想忠诚这些因素放在了首要位置，如此才能保障完成国家农村医疗卫生工作，这一现象在"文革"后期更为突出，在选拔赤脚医生时，各级政府都把阶级出身和政治成分作为重要的标准。

阶级成分是赤脚医生选拔的重要条件。因此，首先从贫下中农中推选，要出身好，思想政治过硬；其次要求他们具有一定的文化知识基础，赤脚医生虽然不需要具有精湛的医学技术，但也要掌握一些基本的医学理论和专业技能，学会常见疾病的防治技术，所以要求他们具有相当于高小以上的文化水平。此外，在年龄以及地域范围上也有一些条件。在选拔时，通常要求选择18~25岁的青年，因为处在这个年龄阶段的青年有较强的学习能力，能快速掌握医学理论与技能并服务于实践。在地域方面，由于赤脚医生是亦农亦医的双重身份，这就决定了一个村庄的赤脚医生只能从他所属的村庄挑选，

---

❶ 李德成：《合作医疗和赤脚医生研究（1955—1983）》，浙江大学博士学位论文2007年，第173页。

❷ 卫生年鉴编委会：《中国卫生年鉴（1983）》，人民卫生出版社1984年版，第60页。

❸ 张开宁：《从赤脚医生到乡村医生》，云南人民出版社2002年版，第16页。

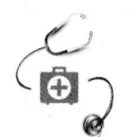

以便他们回到本村服务时能较快融入乡村文化氛围，获取当地群众的信任，并且可以不用来回奔波，有利于开展医疗卫生工作。

在性别上，为了方便工作，有的地方要求至少每个大队有一名女赤脚医生。可以说，各地在选拔赤脚医生时大都遵循这样的原则。如山东菏泽县在选拔赤脚医生时要求遵照毛主席"医生一定要政治好"的教导，选一些政治思想好，路线觉悟高，热爱卫生工作，有一定文化水平的贫下中农子女担任。❶ 此外，据对乳山县16个公社中赤脚医生的调查表明，在该县595个生产大队中共有1850名赤脚医生，平均每个生产大队有3.1名赤脚医生。其中贫下中农出身的占总人数的81%，党团员占总人数的51%，初中以上文化程度的占总人数的85%。❷ 可以说，在当时的政治形势下，赤脚医生的选拔要求严格遵循阶级斗争的路线，他们中有80%以上的人都是贫下中农，如此政治上的可靠才可保证执行国家的卫生革命路线。

总的来说，赤脚医生的选拔有这样几个主要渠道：一是在原有医疗卫生人员的基础上进行选拔，包括原联合诊所的医生，这部分人大多是中医以及原公社保健站的保健员、卫生员；二是城市下放的卫生员；三是村干部；四是选拔一批有文化基础的农村青年，进行短期培训。选拔的程序通常是先在公社开会议研究，然后把会议意见传达到大队，经大队开生产队队长会议后，各大队要依据会议精神在本队认真挑选，最后由生产大队开会讨论最终的人选。可以说赤脚医生的最终人选权在大队一级，由生产大队支委会的领导决定。而在中国乡土社会中存在各种错综复杂的人脉关系网络，现实中赤脚医生的选拔不可避免地出现优亲厚友现象。

二、赤脚医生的培训和管理

20世纪50年代，国家对农村基层卫生工作人员的培训模式是"短、平、快"，也就是在较短的时间内迅速培养出最需要的农村卫生人员，这种模式主要是因为新中国成立初期医务工作者太少，农村缺医少药的现象很严重。尽

---

❶《认真学习无产阶级专政理论　巩固发展农村合作医疗制度》(1975年9月18日)，山东省档案馆馆藏，档案号：A034-04-073-021。

❷《在斗争中用中西两法培训赤脚医生》(1977年10月)，山东省档案馆馆藏，档案号：A034-06-011-010。

第四章 农村传统合作医疗制度的高潮

管这时还没有出现赤脚医生,但这些卫生人员与后来的赤脚医生在性质上基本一样,都是服务于农村,为广大农民进行治疗,他们就是农村的卫生员、妇幼保健员以及护士助理员。培训的目标是,争取在三至五年内,每个生产队都有自己的卫生员、妇幼保健员以及护士助理员。这一时期对卫生员的培训主要是要求他们掌握牛痘、预防注射等简单的传染病预防工作,具备疫情检测及报告的能力;能够治疗常见的小病小伤,能够识别20多种常见的地方病,能够使用常用药品及进行简易针灸的治疗;能够进行卫生宣传,帮助农村开展管水、管粪工作等。

在20世纪60年代中期,随着国家医疗卫生工作重点向农村的转移,各地加大了对农村基层卫生工作人员的培养力度。这一阶段的培训模式是"精、细、准",主要通过在城市选派一些医疗精英,制定细致的培训方案,为农村培养质量更高的基层卫生人员。需要指出的是,这一时期农村的卫生人员主要是生产队的卫生员和生产大队的保健员,他们后来大多转化为赤脚医生。特别是保健员,他们是从普通卫生员中选优出来的,除了进行医治,还要担负指导及检查卫生员的工作。

这一阶段培训的目标是争取在五到十年内,使每个公社卫生机构有四到五名医术较高的医生。❶ 卫生员要求对常见的小伤小病进行简易急救,学会使用针灸,诊治多种当地常见疾病,掌握常用药品的使用等。保健员要能指导卫生员开展工作,掌握常见疾病的预防和治疗工作。在培训中特别注重医学知识的学习,同时还注重对卫生人员政治思想的教育,通过教育使他们能够真正扎根在农村,为农民进行医治服务。如在1961年,山东省就在冬闲时期培训了一批农村卫生保健员。卫生员主要从当地一些卫生积极分子、下放回乡的卫生学校学生、回乡生产的中小学毕业生以及复员军人中的卫生人员中选择。选拔标准是要求思想进步,劳动积极以及热心农村卫生工作。培训的主要内容是学习保健员的职责、任务,掌握当地常见疾病的防治和急救,学会开展群众卫生运动和劳动保护工作等。培训时间10天左右。❷

---

❶《关于把卫生工作重点放到农村的报告》,选自卫生部基层卫生与妇幼保健司编:《农村卫生文件汇编(1951—2000)》,第30页。

❷《省卫生厅通知各地抓紧培训农村保健员》,《大众日报》,1961年12月6日。

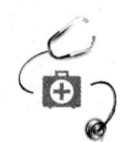

1968年后，随着合作医疗在全国的普及，"赤脚医生"的名称取代了以往对农村卫生人员的称谓。大部分村镇都建立了合作医疗站，对卫生员的需求又有所增加，为了解决农村卫生人员不足的现状，国家加强了对赤脚医生的培养规模和速度，并且对他们的培训也纳入合作医疗制度建设之中，因为赤脚医生是合作医疗制度的主要执行者。这一阶段的培训模式是"多、活、快"，主要采取多种灵活机动的培养方式，不仅培训规模变大，而且速度要提高。如采取就地培训与生产劳动相结合、集中培训也可以个别带教等。以江西省为例，1969年全省开始大力培养赤脚医生，到1971年8月就有5 000多人参加了培训，使每个开展合作医疗的卫生所都有2~4名赤脚医生。❶

这一时期赤脚医生的培训目标是注重培训规模和速度，对其质量则没有太高的要求。这主要是因为，1965年我国城乡医疗卫生资源分布极不平衡的现象触动了毛泽东，促使他更多关注农村医疗卫生的发展，对培养农村基层卫生人员也有了更多的思考。在毛泽东看来，当时国家的医学教育需要改革，否则就不能有更多的医务人员到农村去开展工作，所以他认为医学教育用不着收什么高中生和初中生，高小毕业学三年就够了。他还指出医生要在实践中学习，通过更多的医治才能有经验，这样的医生放到农村，就算本事不大，也比骗人的医生与巫医要好，而且也是农村养得起的。

在毛泽东发出"把医疗卫生工作的重点放到农村去"的重要指示后，国家医疗卫生工作的重心发生转移，开始注重广大农村。这就需要更多的农村医务人员，因此认为不需要用五到十年的时间去培养素质较高的卫生人员，要加快培养赤脚医生的规模和速度，要求他们能治疗一些常见的小伤小病即可，这样才能及时有效缓解农村长期缺医少药的现状。在这一阶段，关于农村卫生员的培训中，课程强调中西医结合、土洋结合等原则，增加了中医课程的学习。另外，在培训中更加注重对赤脚医生政治思想的教育，并把活学活用毛泽东思想放在首要位置。

对赤脚医生的培训一直持续到20世纪80年代初。1980年，卫生部下发《关于搞好三分之一左右县的卫生事业整顿建设的意见》，要求对赤脚医生进

---

❶ 李德成：《合作医疗和赤脚医生研究（1955—1983年）》，浙江大学博士学位论文2007年，第173页。

第四章 农村传统合作医疗制度的高潮

行系统的培训，使他们达到相当于中专水平，并保持相对稳定。各地要"以现有的医疗卫生机构为实习基地，按照教学大纲，系统地培训赤脚医生和举办在职初、中级卫生医务人员进修班"。关于赤脚医生的专业技能则是要求他们"能用中西药防治当地常见病，能做一般的外伤清创缝合，急救处理；学会对两管五改、计划生育和妇幼卫生各种进行一般的技术指导；女赤脚医生要会新法接生"。[1]

关于赤脚医生的培训方式，当时许多地方主要依据上海川沙县江镇公社的培训模式，即采用两种形式，一种是由公社卫生院集中办班培训，另一种是通过在实践中学习来培训。[2]在培训中大多数地方采取初训与复训相结合的方法，并制订详细的培训计划。初训主要是短期培训，多是到公社医院进行2~6个月的学习，学会一些医学基础知识，能够治疗常见的小伤小病，然后回到实际的工作中运用。如浙江省制订的关于赤脚医生三个月的初训教学计划，具体内容如下：1. 在农村卫生方面，着重讲述开展农村合作医疗和爱国卫生运动，除"四害"，学习"三管"，开展农村劳动生产、简易卫生统计和卫生宣教。2. 在中医中草药方面，初步了解中医概念基本观点，病因以及"四诊八纲"；初步掌握中草药的基本知识；知道如何应用50~70种常用中草药和掌握25~35个常用针灸穴位。3. 在农村常见疾病预防方面，学习内科、外科、儿科、妇科、五官科、传染病学等医学知识；掌握常见传染病的防治救治；掌握简易针灸；熟练操作简易诊疗护理技术；能初步开展计划生育工作，学习放环、取环，以及农村常见妇女病防治，掌握正常胎位的诊断和分娩处理。4. 在基础医学方面，学习包括人体解剖生理学、病理学基础（包括微生物寄生虫学概要）、常用药物学等。[3]复训主要是提高技能，进一步学习中西医理论与技能，能防治农村常见病，复训时多是由区医院或县卫生进修学校组织进行。

---

[1]《卫生部下发〈关于搞好三分之一左右县的卫生事业整顿建设的意见〉的通知》，选自卫生部基层卫生妇幼保健司编：《农村卫生文件汇编（1951—2000）（内部资料）》，第302—304页。

[2]《从"赤脚医生"的成长看医学教育革命的方向——上海市的调查报告》，《红旗》1968年第3期。

[3]《关于印发浙江省赤脚医生培训教学计划（施行草案）的通知》，附件《浙江省三个月赤脚医生初训教学计划（试行草案）》，宁波市鄞州区档案馆馆藏，档案号：090-026-1978-020-005。

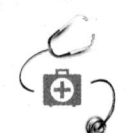

各地在实施赤脚医生培训时大都会因地制宜采取适合自己的方式,因此种类也比较多,主要有三种形式:一是组织集中办班学习基础理论知识。集中培训多在农闲季节,初训多在公社卫生院,复训则在县卫生院或卫生学校。短期培训的学习时间有 10 天的也有不超过 3 个月的。卫生学校的培训有短班和长班。短班是半年,长班是 1 年或 2 年。如山东乳山县,办学形式灵活多样,有长短结合、以短为主的班。短班的学习时间有十几天的,也有 3~6 个月的。长班通常为 2 年,学员由大队选送,公社批准。从 1970 年到 1975 年他们共办 23 期赤脚医生培训班,复训 1 800 多人次。❶

二是临床学习。学员主要是年资较高、有一定治疗经验的赤脚医生。组织他们到县、公社的卫生机构由一些有经验的医生在实践中传、帮、带,以提高业务技能。不过这样的学习还是有限的,因为赤脚医生的人数太多,只有少数的人才有机会到级别较高的医院学习,而大多数人则主要由巡回医疗中城市里的医生给予业务指导。

三是进行巡回指导。1965 年到 1975 年,我国农村各地都有巡回医疗,这些医疗队基本上都是一边为农民防病治病,一边为当地培训大量的赤脚医生。具体的做法是在巡回医疗中采取划片包干的方法,对赤脚医生进行培训,并帮助他们解决在实际工作中遇到的疑难问题。如一些公社将生产大队分为几个工作区,每个区域派一些驻地医生,负责检查、督促卫生防疫,进行医疗技术指导,帮助开展计划生育等。这些医生多与社员及赤脚医生同吃、同住、同工作,还定期组织会议进行业务交流以及政治学习等。可以说,这样的培训对赤脚医生来说是很有益的,因为他们的工作也很繁忙,不仅要开展医疗卫生工作,还要参加农业生产劳动,就没有太多的时间脱产去学习,而这些大医院有经验的医务人员能到乡下手把手地教他们,帮助他们解决实际工作的难点问题,的确是很难得并很有效的一种学习方式。

此外,各地军队医务人员也培训了大量的赤脚医生。一些军队医院不仅派出巡回医疗队为农民防病治病,还帮助农民建立合作医疗站,培训赤脚医生,并赠送药品和医疗器械等。如山东的部队医疗卫生单位,就先后派出了

---

❶ 《为巩固农村合作医疗积极培训赤脚医生》,山东省档案馆馆藏,档案号:A034-04-073-023。

2 100余个医疗队,深入广大农村和山区、海岛,认真积极地为广大农民群众防治疾病,其中培训赤脚医生85 000多人次,帮助4 600多个大队办好合作医疗。❶

除了初训与复训之外,一些地方还创办了复习班、提高班、专题训练班等以提高赤脚医生的业务水平。如陕西就采取公社卫生员请进教、走出去帮,定期召开例会等,地段医院办专题培训班进行轮训,县办提高班以提高技能等。河南省拓城县李源公社除了办班培训外,还采取例会学习(每十天一次)、短训班(根据工作需要,随时举办,缺啥补啥)、请进来(赤脚医生到公社卫生院实习带训,每期三月,长期坚持)、派出去(公社卫生院派医务人员下乡进行业务指导,言传身教)等方式,以提高赤脚医生的业务水平。❷ 广东省创办了赤脚医生函授班,1975年中山学院分院首创医科函授大学,第一期就招收了有两年实践经验的赤脚医生278名,学制为一年半。1976年,兴宁、连县等十几个县相继办起了赤脚医生函授班,共培养了5 139名赤脚医生。❸

各地的培训机构也是多样的,主要包括县"五七"学校(也有叫"五七"大学)、县卫生进修学校、各区或社医院、县妇幼保健站、血防部门、巡回医疗队等。由于培训资源有限,只有少数赤脚医生才可在县级进行培训,如县"五七"学校、县卫生进修学校等。大多赤脚医生则是在公社医院进行培训及复训,通过定期的培训提高他们的治疗技能。还有的在县妇幼保健站及血防部门进行培训,如妇幼保健站对一些女赤脚医生、社保健员以及旧产婆进行培训,主要学习新法接生和产前检查等相关接生知识,培训时间一般有5~7天。血防部门的培训主要是针对一些血吸虫病发生较为严重的地区,通过培训学习显微镜的操作、检查血吸虫卵等技术,让赤脚医生在血防工作中发挥更大的作用。为了加强对赤脚医生的培训,一些有条件的地方还建立了赤脚医生大学,如江西宜春、江苏南通金西九华山以及无锡的一些地方都成立了当地的赤脚医生大学。北京的"社来社去"赤脚医生大学班也是个典

---

❶ 《我省卫生战线为农村服务获得新成绩》,《大众日报》,1975年6月26日。
❷ 《李源公社的合作医疗为什么能够巩固?》,选自人民卫生出版社编:《怎样办好合作医疗》,人民卫生出版社1974年版,第22页。
❸ 广东省地方史志编撰委员会编:《广东省志·卫生志》,广东人民出版社2003年版,第520页。

型,这个班由北京第二医院联合友谊医院、宣武医院、朝阳医院等合作教学,主要任务是通过学习提高赤脚医生防病治病的理论知识和专业技能。

赤脚医生的培训内容主要包括业务学习、思想政治教育以及劳动课和军体课,其中前两项是较为重要的学习内容。通常培训的第一课就是进行思想政治教育,每周大概有2~3个学时。具体来说,首先是开设政治课,抓好革命理论学习,学习马列和毛主席著作。有两种形式,一种是长班,通读毛泽东选集4卷和马列选读6本;一种是短班,由于时间紧迫,但也重视政治思想教育,其中《为人民服务》《愚公移山》《纪念白求恩》是政治学习的必读教材。除了学习毛泽东著作外,许多培训班还组织学习毛主席语录,通过背诵语录把其中提倡的医德思想灌输给赤脚医生,再慢慢转化为他们自觉行动,如"全心全意为人民健康服务"、"救死扶伤,实行革命的人道主义"、"对工作极端负责,对技术精益求精,对同志、对人民极端热忱"、"毫不利己、专门利人"等。其次是结合时事政策教育,学习国家卫生工作的方针政策,学习《人民日报》《健康报》关于卫生工作的社论等。再次是通过"忆比教育",培养赤脚医生的无产阶级感情。经常组织学员开展忆苦思甜,访贫问苦,社会调查等教育,对他们进行阶级斗争和路线教育,树立全心全意为贫下中农服务的坚定思想。最后还要开展扎根教育,树立当好赤脚医生的远大革命理想。

显然,思想政治教育是每一个赤脚医生必须进行的培训学习。特别是在"文革"期间,各地都很重视加强对赤脚医生进行思想政治教育,学习的内容基本上也相同,通过学习使赤脚医生端正学习态度,了解国家卫生工作的四大方针,树立全心全意为农民服务的思想。

业务学习的内容主要是根据农村各地医疗卫生的实际状况以及开展合作医疗的具体情况而定,分理论学习和实践学习两个部分,并基本上遵循"学了就用、用了又学"的原则。理论学习主要包括四个方面:一是学习农村常见病、多发病以及传染病的防治;二是学习一般外科、内科、儿科等基本理论知识与病症诊断;三是学习新医疗法、土单验方的应用以及中草药的加工;四是学习免疫接种知识。如一些卫生学校在教学时就把农村常见病、多发病作为教学的主要内容,把传染病、急性病、计划生育、妇幼卫生和危害人民健康严重的疾病作为学习重点。内容少而精,切合实际,使学员学习后能应

第四章 农村传统合作医疗制度的高潮

用于当前疾病的防治,迅速改变农村缺医少药的状况。

中医中药知识也是一项重要的培训内容,这主要是因为有限的医疗资金以及有限的药品。如1973年陕西省卫生局就发出《关于培训提高农村基层卫生人员的意见》,提出了赤脚医生要学会"认、种、制、用"中草药,学会新医疗法和针灸,能用中西医两法防治农村常见病30~50种。❶

一些地方的培训还包括劳动课和军体课,其中劳动课以参加集体劳动为主,目的是让赤脚医生加强劳动锻炼,保持半农半医的性质。各地根据实际情况制定课时,通常每周有2个学时的劳动,内容有清扫公厕、处理人畜粪便以及进行公共场所的消毒工作等。军体课的课程类似于民兵训练,主要是通过对赤脚医生身体的训练强化其身体体能,以便能够胜任繁忙的治疗工作。主要内容有早操、课间操以及通过伤员的包扎急救、防空掩护等加强训练等。

关于赤脚医生的培训教材,国家并没有统一的版本,各省也依据当地的具体情况编写不少培训教材。但是,由上海中医学院编写的《赤脚医生》一书在当时使用较为普遍,赤脚医生们很是喜爱这一版本的教材。这本教材是在对全国多个省、区、市农村医疗卫生现状调查的基础上,听取了不同地方的赤脚医生以及其他医务人员的意见后编写的一本比较普遍实用的赤脚医生手册。全书共有21章的内容,分别是:怎样预防疾病、怎样认识和治疗疾病、中医是怎样看病的、针灸与推拿、新医疗法、常用中草药、战地救护与三防、常见症状的诊断与处理、急病处理、传染病、寄生虫病、内科疾病、小儿常见病、妇女病和接生常识、计划生育、外科疾病、伤科、眼病、耳鼻咽喉病及口腔病、皮肤病及附篇。❷

也有一些地方版本的赤脚医生培训教材,如河南省卫生局就组织编写了赤脚医生的系列教材,包括《河南省赤脚医生教材》《外科学》《药理学》《妇产科学》《内科学》《病原病理学》《卫生防疫学》等。针对复训,一些地方还编写了赤脚医生复训教材,如吉林医科大学编写的《赤脚医生复训教材》,其内容则是更注重对赤脚医生医疗水平的提高。

在创办合作医疗时,中央政府也注重对赤脚医生进行管理,由此才能保

---

❶ 陕西省地方志编撰委员会编:《陕西省志·卫生志》,陕西人民出版社1996年版,第595页。
❷ 上海中医学院等编:《"赤脚医生"手册》,上海市出版革命委员会1970年版。

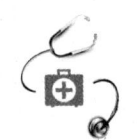

证合作医疗的顺利开展。关于赤脚医生的管理,中央要求各地、公社党委要加强对合作医疗的领导,把它列入议事日程,并专门指派一名同志主要分管这项工作的开展。如北京市为了加强对赤脚医生的管理,每个县每个公社每个大队都有一位副书记分管或主管赤脚医生工作。

为了加强对合作医疗的管理,还要求在公社、大队成立由领导干部、贫下中农、赤脚医生代表参加的合作医疗管理委员会(也有叫领导小组),要定期召开会议研究合作医疗的工作。要求公社党委和大队党支部加强对赤脚医生的领导,要提高他们的政治思想水平。要求赤脚医生积极参加集体生产劳动,认真做好防病治病工作,赤脚医生应保持相对稳定,不要轻易调动,以利于提高政治业务水平,如有调动,应经公社批准,一旦有缺额时应及时给予培训补充。由此可以看出当时对赤脚医生的管理还是比较严格的。大队、公社卫生院、县卫生局都对赤脚医生进行管理,但管理的形式和内容不同。大队是赤脚医生的直接管理部门,赤脚医生在行政上受大队公社管理;公社卫生院主要是对赤脚医生进行业务指导和培训;县卫生局对赤脚医生间接进行管理。

合作医疗时期许多地方对赤脚医生的管理是比较严格的。各地普遍都成立了合作医疗管理委员会,对赤脚医生的工作、生活等事宜进行全面管理。此外,有的农村还有驻队工作干部,他们有的来自公社或县城,有的来自市或省城,这些工作队与当地的农民同吃、同住、同劳动,随时从群众中了解赤脚医生的工作情况。一旦有群众反映赤脚医生的技术水平不行或服务态度不好,甚至有贪污药材或合作医疗资金的行为,在经调查落实后,就会被停止工作或取消赤脚医生资格。因此,在当时许多赤脚医生在工作中还是很认真谨慎的,生怕有什么过失,一旦群众有不好的反映,就会被调整或停止工作,这些对他们来说是一件奇耻大辱的事。

对赤脚医生进行定期或不定期的业务考核也是加强管理的一种措施。通常由大队、公社卫生院以及县卫生局对赤脚医生进行定期或不定期的业务考核,以此促进他们的业务能力提升。其中大队主要对赤脚医生进行参加生产劳动的情况以及综合表现进行评估,公社卫生院主要对赤脚医生进行业务能力的考核,县卫生局则是间接的考核单位。

赤脚医生由于培训时间和工作年限的长短不同,其业务技术水平高低不同。针对赤脚医生队伍中医疗技术参差不齐的现状,各地也经常组织对赤脚医生进行考核,以促其技术水平达标。如1976年,陕西省召开了赤脚医生会议,决定赤脚医生经过培训要达到中专水平,在统一考试后颁发赤脚医生证书,并且还要每年进行一次业务考核,合格者由县卫生局颁发赤脚医生证书。1979年,南通县有1 854名赤脚医生参加了全县统一的业务考试,对1 501名考试合格的赤脚医生颁发了合格证。1980年,无锡县组织赤脚医生考试,有591人通过考试并颁发合格证书。1982年5月,广东省也组织了第一次赤脚医生考试,全省有70%的赤脚医生参加考试,获得乡村医生资格的人有16 899名,占总报考人数的47.18%,获得乡村卫生员资格的有11 782名,占总报考人数的31.49%。

三、赤脚医生的待遇和工作

赤脚医生的待遇主要是以记工分的方式实现,使其达到农村一般同等劳动力的水平。这种方式在当时比较普遍,主要是依据创办合作医疗比较早的上海江镇公社及湖北乐园公社的做法。其中上海江镇公社赤脚医生的收入较高,除了有劳动收入外还包括注射费、出诊费及大队补贴。收入的标准是"保持农村一般同等劳动力的水平"。❶ 湖北乐园公社的做法是医务人员不再拿工资,而是和大队的主要干部一样记工分。"过去为工资行医,现在为革命行医。"❷ 1971年12月,在中央政府发出的《关于农村人民公社分配问题的指示》中规定赤脚医生一年的报酬,应一般高于同等劳动力的收入水平,男女应同工同酬。此外,考虑到他们进行防病治病的工作需要,又指出了各地可按照具体情况酌情按月以适当的现金补贴。对于赤脚医生每年参加劳动的时间则没有给出具体的数值,只是说地方可依据各大队的实际情况具体而定。

从政策上来看,赤脚医生的报酬实行按劳分配,高于或等于同等劳动力水平。但是由于各地经济发展水平不同,各地的具体薪酬也是不一的。换句话说,在实际操作中,决定赤脚医生薪酬的一个重要因素是大队的经济状况。

---

❶ 《从"赤脚医生"的成长看医学教育革命的方向——上海市的调查报告》,《红旗》,1968年第3期。

❷ 《深爱受贫下中农欢迎的合作医疗制度》,《人民日报》,1968年12月5日。

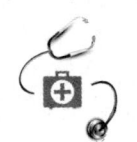

通常大队规模较大，经济水平就会高些，赤脚医生的待遇也就会好点，补贴也多些。因为经济富裕的社队，通常是领导愿意出钱，群众也出得起钱，有的地方还直接从大队拿钱，不向社员征收资金。在湖南岳阳地区有两个棉产区的公社，经济水平比较发达，当地社员的人均收入通常都在300元以上，这种情况就使得赤脚医生的报酬比较高。据统计，在33名赤脚医生中有26名的收入相当于同等劳动力水平，还有7名赤脚医生的收入比大队主要干部的收入还高些。而对于一些经济水平较低的地区，赤脚医生的报酬就比较困难了，即使大队勉强支付了一些，也不能保证长期稳定，使合作医疗的开展也难以维持。❶

还有一些因素也影响赤脚医生的报酬。一是赤脚医生的素质。如果赤脚医生认真工作，热情负责，技术水平高，能解决常见病、多发病，能为广大社员解除疾病之苦，那么大队的干部和社员都乐意支付他高一些的薪酬。而对一些不学无术，整天靠"关系"混日子的，不认真工作，服务态度也不好的赤脚医生，许多群众就会产生意见，认为支付薪酬是"冤枉钱"，不愿支付，那么他们的报酬就会较低。二是领导对合作医疗的态度也影响赤脚医生的薪酬。有的地方干部关心社员健康，重视合作医疗，认为赤脚医生在农村进行防病治病以保护劳动力是很重要的，就会积极落实赤脚医生的待遇，以稳定赤脚医生队伍，保障农村医疗卫生工作顺利进行。这些地方赤脚医生的待遇几乎与大队主要干部的待遇相同，有的甚至还会高过他们。反之，也有的大队干部不重视合作医疗，认为赤脚医生没多大用处，不支持其工作，这样的态度自然就使赤脚医生的待遇不仅低而且也不能按时发放，时间长了就导致赤脚医生对工作没有积极性，合作医疗也开展不下去。

总的来说，赤脚医生的待遇主要有四种分配方式，一是全年记工分，小队分配，大队补助，高于同等劳动水平。二是固定全年补助工分，差额部分则由参加劳动作为补偿，相当或高于同等劳动力水平。三是实行误工补贴，年终结算，相当于或高于同等劳动力水平。四是参加农业劳动，采取包产定量，差额由大队统一补偿，相当或低于一般劳动力水平。但是，由于我国农村地域广泛，各地实际情况不同，因此，在实际的操作中，地方政府都有自

---

❶ 季铁铮：《落实赤脚医生报酬的情况分析》，《农村卫生事业管理》，1984年第2期。

第四章 农村传统合作医疗制度的高潮

己具体的分配制度。如山东省赤脚医生的报酬主要有工分、大队补助和药费差价组成。其中工分是最主要的薪酬。河南洛宁县有三种形式：一是按大队干部标准，每季度拨发标准工分，由生产队分配。二是按当地同等劳动力拨发工分，由生产队分配，并且医疗站每月还给5元补贴。三是拨给医疗站草药地，赤脚医生负责种药，收入归医疗站，并由生产队分配工分和粮食。❶

在集体化时期，赤脚医生的薪酬与高度集中的计划经济体制紧密相连，一旦这种体制发生变化，赤脚医生的酬薪也会随之变化。20世纪80年代初，农村经济体制改革开始，农村普遍实行了生产责任制。赤脚医生的报酬也变为评工记分、缴钱记工、诊费和药品利润自理三种方式。为了保持赤脚医生队伍的稳定，1981年2月，在国务院批转的《关于合理解决赤脚医生补助问题的报告》中，对赤脚医生的补助问题进行了具体规定，对经考核合格，相当于中专水平的赤脚医生发给"乡村医生证书"，并给予相当于当地民办教师水平的待遇。赤脚医生的补助主要来自三部分，一是从社队企业、副业收入和社队公益金中提取，二是从诊疗业务收入或医疗站的其他收入中解决，三是由地方政府财政补助。此外，由县卫生局负责对赤脚医生的调动、培训、考核、发证等进行管理。❷

作为农村最基层的医疗卫生人员，赤脚医生的工作比较繁多，涉及农村医疗卫生工作的各方面。通常他们最普遍的工作就是进行门诊治疗、出诊访视及巡回医疗等，在农忙时期他们主要在田间地头开展巡回医疗和现场急救工作。除此，赤脚医生还开展其他的工作，主要包括：其一是在群众中开展卫生知识宣传教育，提高群众的科学卫生知识水平，组织群众开展以"除四害、讲卫生"为中心的爱国卫生运动。其二是开展新法接生及育儿法，进行计划生育宣传工作，监督妇女劳动制度的执行。新法接生是新中国成立后在广大农村普遍开展的一项农村妇幼保健工作。主要从农村当地选拔一些女性来学习推广新法接生，一些地方在培训"赤脚医生"和不脱产卫生员时，也会选一部分女同志，教她们学会新法接生。新法接生的技术上要求她们做到

---

❶ 洛宁县卫生局编：《河南省洛宁县卫生志1840—1984》（内部资料），第119页。
❷ 《关于合理解决赤脚医生补助问题的报告的通知》，选自卫生部基层卫生与妇幼保健司编：《农村卫生文件汇编（1951—2000）（内部资料）》，第533—534页。

精益求精，能按照新法接生的要点做到消毒断剂，保护会阴，不掏胞衣，遇到难产送医院。在复训时要提高产前检查和产后访视的质量。其三是开展农村的传染病、地方病等疾病预防工作。农村地区一些常见的传染病、流行病以及地方病严重危害农民的健康，赤脚医生要进行积极的预防治疗，如肺结核、脊髓灰质炎、百日咳、白喉、破伤风、麻疫、启疾、流脑、乙脑、牛痘、血吸虫病、头癣、甲状腺肿大等。其中对前六种病的预防是普遍的，在当时有一个被称作"四苗六病"的基础免疫计划。❶

开展农村疾病预防工作是赤脚医生的一项重要工作，具体来说主要包括：一是对社员进行疫苗接种和发放预防药；二是协助相关部门开展预防活动；三是对相关卫生防疫信息的登记、造册和上报。对肺结核、脊髓灰质炎（小儿麻痹症）、百日咳、白喉、破伤风、麻疫等流行病和传染病的预防主要采用疫苗接种和发放预防药的方式。在当时国家对这些疫苗及药品实行免费政策，需要赤脚医生按人口数到上级卫生部门领回防疫药品，然后再到生产队进行发放防疫。

在开展防疫工作时，各大队的赤脚医生会组织起来进行分片，按照本大队的地域大小、人口数以及赤脚医生的人数进行划分，每个赤脚医生承担一片或几片。下队后，赤脚医生一般会得到生产队队长、会计或卫生员等人的协助，通常在这些人员的家中设点，并由他们负责通知符合要求的社员前来进行预防。也有少数大队的赤脚医生在防疫任务上不分片，而是采取赤脚医生一同下队，一个生产队接着一个生产队地进行预防工作。

赤脚医生也经常协助相关卫生机构开展预防活动，其中最典型的就是对血吸虫病的预防。由于血吸虫病的危害很大，在一些农村还比较流行，国家很重视对其进行预防。但是卫生人员有限，仅仅靠血防部门的人力是远远不够的。因此，此病流行区的很多赤脚医生就会积极配合血防部门实施预防活动。在进行预防活动时，赤脚医生主要进行卫生防疫信息的登记，之后会进行造册和上报。此外，在针对特定传染病、地方病进行群防群治活动时，赤脚医生也会进行相关卫生防疫信息的登记、造册、上报。

---

❶ "四苗六病"即使用卡介苗、脊髓灰质糖丸、百白破疫苗、麻疫疫苗这四种疫苗来预防肺结核、脊髓灰质炎（小儿麻痹症）、百日咳、白喉、破伤风、麻疫这六种疾病。

在推行预防工作的前几年里，除了种牛痘是在新中国成立初期就开始普及实施，人们对它有一定的认识，也乐意接种，但是在进行其他类型疾病的预防工作时，由于农村比较闭塞，在开展之初还是存在一定的障碍。一些社员对这一类的预防工作没有很多认识，认为防疫不重要或者怀有恐惧及将信将疑的心理，就会不愿、不敢进行疫苗接种工作，也不敢吃发放的预防药品。针对这种情况，赤脚医生往往会进行一些卫生知识的宣传以及监督服药等工作。如一些预防药品口服很苦，为避免社员不服药，赤脚医生是要付出更多的时间进行监督，在当时有一个流行的工作口号，即要求赤脚医生做到："送药到手，看服到口，不服就不走。"

第五节　合作医疗的运行

我国农村地域广大，各地的实际情况也不尽相同。在实施合作医疗制度时也是形式多样的，主要有以下几种形式：一是以大队为单位实施合作医疗。这种队办形式是合作医疗制度的主要形式，与人民公社三级所有制的经济体制以及农村经济水平比较适应，也有利于组织管理。二是以公社为单位实施合作医疗。这种社办形式充分体现了公社"一大二公"的优越性，一旦遇到重大疾病的治疗问题时，可以有效解决，而一个或几个队是没有实力的。但是，这种方式也存在一定的管理问题，主要是各队之间经济差异造成的。三是大队合办以及社队联办方式。这种形式主要以居住分散以及偏远山区为多，由于人员少并且经济基础薄弱，因此采用联办协作的方式有利于发展合作医疗。

山东省农村合作医疗的举办形式主要有两种，一种是大队办，一种是队为基础，社队两级管理。另外，也有几个大队合办合作医疗和公社办合作医疗的。可以说，大多数地方的合作医疗还是以采取队办和社队办方式的较多，因为这种形式比较容易组建，便于管理。据统计，到1978年年底，山东省有2 093个公社，83 379个生产大队，其中只有19个公社，787个大队实行的是

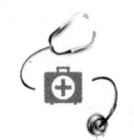

社办合作医疗，其余的都是队办或社队两级管理。❶

关于合作医疗的管理主要由公社合作医疗管理委员会和大队合作医疗领导小组共同负责的，但现实中大多是由社、队合作医疗管理委员会的主要领导决定的。合作医疗的资金管理是确保其有序开展的重要保障，资金的筹集和管理是一个有机整体，资金筹集到位后就需要一套严格的管理模式。合作医疗的基金管理和补偿方式也不尽相同，基金的管理都是专人管理，现金与账目分开，日清月结，定期向社员公布。

关于基金的补偿主要有三种方式，一是医药费全免，但这种方式还是少数，它需要有较强的经济支撑。二是按比例报销医药费，当然根据各地经济状况的不同，报销的比例也不一样。三是只免医疗费，不免药费。虽然当时国家也有一定的指导原则，但是各地都会根据自己的实际情况制定具体的合作医疗规章制度，有的制度较为完备，但也有简单的。当然，制度的执行也是一个重要的问题，也有一些很健全的制度但缺乏执行。笔者在查阅各地的档案材料时也发现了合作医疗制度的管理不严及执行不力的现象，出现了合作医疗基金的挪用、外借及贪污等现象，这些最终就会导致合作医疗不能顺利开办，有的大队的合作医疗在很短时间就垮掉了。

下面通过浙江衢州龙游县汪船头大队的合作医疗章程，来了解一下当地合作医疗运行的状况。

汪船头大队合作医疗管理制度

为了改变农村缺医少药状况，保护社员身体健康，促进农业生产发展，经社员讨论和大队革命领导小组、贫管会研究，决定自1972年1月1日起实行合作医疗，并制定本制度。

一、资金筹集及管理机构

（一）合作医疗经费暂定每人每年2.00元，其中由大队、生产队公益金分别支出0.50元和1.00元，社员自交0.50元。社员应交款先由生产队垫付，至年终分红时再由生产队扣回。各生产队交款应于每年8月

---

❶ 山东省革委卫生局：《农村生产大队实行合作医疗及赤脚医生配备情况》，山东省档案馆馆藏，档案号：A034-05-0055-019。

底前交清,不得拖欠。

(二)大队成立合作医疗管理小组,由祝宏才(干部代表)、汪雪良(社员代表)、毛羽鹏(赤脚医生)、余仁德(大队会计)四人组成,祝宏才为组长。医馆组的职责是筹集合作医疗资金,审核经费开支。处理有关合作医疗之具体事宜等。医管组每年改选一次,可连选连任。

二、就诊、减免、报销规定

(一)在本大队合作医疗站就诊规定

1. 凡参加合作医疗社员一律凭本大队医管组发放的《合作医疗证》就诊。《合作医疗证》每户一本,不得转借,遗失当年不补。

2. 凡参加合作医疗社员在本大队医疗站就诊,享受以下待遇:

(1)挂号费、出诊费、注射费及针灸费免收;

(2)敷料费收取成本费;

(3)药费减免70%。

3. 享受合作医疗的社员就诊后,须在取药前交清自理款项,不准拖欠。

(二)转诊规定

1. 凡须转院就诊者,须经赤脚医生同意并出具证明方可转诊。

2. 转往本公社卫生所诊治者,挂号费自理,医药费减免40%。

3. 转往县及县以上医院诊治者,挂号费自理,医药费减免20%。

4. 报销减免费用时须持赤脚医生开具的转诊证明及就诊单位的病例、单据、处方,经赤脚医生与医管组审批后,方能报销。

(三)其他减免、报销规定

1. 凡服营养品、滋补药和镶牙、补牙、整形、美容等费用,不予减免。

2. 凡酗酒、打架、偷盗、自杀而致伤病者,医药费一律自理。

3. 因公出差途中患病就医者,均按在本队合作医疗站就诊规定报销。

4. 长期服药(连续服药在一个月以上)的慢性病患者,其医药费按35%予以减免或报销。

三、赤脚医生职责

1. 赤脚医生应树立全心全意为社员服务的思想,对就诊社员一视同

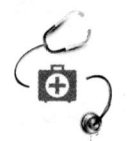

仁，不得以权谋私。

2. 加强商品药管理，防止霉烂变质、过期失效和积压浪费。同时，应逐步推广使用针灸和中草药，以节省开支。

3. 做好各种传染病的防治工作，协助搞好计划生育及技术指导。

4. 赤脚医生每人每年参加集体生产劳动（包括采、种中草药）不得少于100天。

四、财会制度

1. 设兼职会计、出纳各一名。会计每10天为合作医疗站结算账目一次，并做到明细账、收支账分别于每季末和年终向社员公布，接受群众监督；出纳员应遵守现金保管制度，未经医管组审批的支出不得支付，不得挪用合作医疗经费。

2. 特殊困难户因转诊需借支时，经医管组长同意，可在5～20元范围预支，但在报销医药费时，须退回预支款。

3. 结余经费转入下半年度使用。

汪船头大队革命领导小组
1971年12月28日

资料来源：浙江省龙游县卫生局编：《龙游县卫生志》，上海社会科学出版社1992年版，第60—62页。

第五章
农村合作医疗制度的式微

第五章　农村合作医疗制度的式微

第一节　合作医疗的衰落

20世纪80年代初期,合作医疗制度开始走向衰落。主要原因是这期间我国农村发生重大社会变革,开始普遍实行家庭联产承包责任制,伴随之人民公社制度解体,农村社会各个方面都发生了变化,失去了行政组织依托及集体经济体制支撑的合作医疗制度也无力开展,赤脚医生队伍也逐渐退出了历史的舞台。

一、农村合作医疗走向衰落

1976年,长达十年的"文化大革命"结束,这使得我国整个社会发生巨大变化。合作医疗制度也受到影响,由于阶级斗争意识的淡化,巩固和发展合作医疗不再被当作一项重要的政治任务,各地合作医疗出现了不同程度的滑坡现象,尽管各级政府也试图采取一些措施以改变衰落的现状,但是在社会大变革的潮流下,这种尝试也无力扭转合作医疗的衰落。

1978年十一届三中全会胜利召开,自此国家工作重心开始由以阶级斗争为中心转向以经济建设为中心。农村社会发生翻天覆地的变化,1979年广大农村普遍实行了以包产到组、包产到产、包干到户为主要形式的家庭联产承包责任制。到1983年年初,农村93%的生产队实行了包产到产、包干到户。❶同年10月,中央政府发出了《关于实行政社分开建乡政府的通知》,指出要在农村建立乡(镇)政府作为基层政权,并成立村民委员会作为农村基层群众性自治组织,这个变化宣告了长达20年的人民公社时代的终结。

伴随着国家社会政治经济的重大转型,实现现代化和经济增长成为国家

---

❶ 朱荣、郑重等著:《当代中国的农业》,中国社会科学出版社1992年版,第35页。

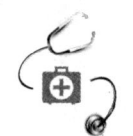

追求的主要目标。随之各项工作也开始了新的发展,判断卫生工作发展的标准也发生了变化,这些变化势必影响到卫生医疗资源的分配。农村卫生不再被赋予神圣的革命意义,而是成为农民生活中的一部分而已。许多地方的合作医疗出现滑坡现象,卫生部门也不再像以往发出指示和号召等,对这些变化并没有采取相关积极的措施加以维系。显然,随着社会的大变革,巩固和发展合作医疗不再是最高的政治任务,农村医疗卫生问题逐渐转向依靠市场来解决。

国家卫生工作的重心也由"把医疗卫生工作的重点放到农村去"改变为"农村与城市并重"的原则,而在实际操作中则是更多地立足于"以城市为重点"。如在国家"七五"计划期间,对城市医院的投资是增加了40万张床位,而乡镇卫生院却没有得到国家太多的投资。❶ 失去了社队集体财务支持的乡镇卫生院也只能依赖以提供医药服务收费来维系其运行。

到1983年,全国农村普遍实行了家庭联产承包责任制,人民公社也彻底解体,村卫生室由于失去稳定的资金支持而不得不解散或改为由个人承包,许多地方的合作医疗难以为继,合作医疗覆盖率出现急剧下降,由1976年的90%下降为1986年的4.8%,大多数农民又回到了自费看病的状态。除了人民公社解体之外,阶级斗争意识逐渐淡化以及政治任务的解除也是合作医疗逐渐衰退的原因。正如张自宽所言:"上面不喊了,中间不管了,下面就散了。"❷ 如河南省合作医疗在1977年时也开始下滑,实行合作医疗的大队从最高时的91%下降到83.6%,到1978年8月,已经下降到68%。除个别县外,合作医疗普遍下降,有些地方下降幅度非常大,如周口地区,实行合作医疗的大队由原来的87.4%下降到45%,而汝南县实行合作医疗的大队只有30%。❸ 项城县合作医疗是从1977年开始逐年减少,到1980年全县合作医疗基本停办,只有极少数公社大队还在进行。❹ 还有湖北荆门,1981年591个大队中只有230个(占38.9%)坚持办合作医疗,另有154个大队只收药费,

---

❶ 《中国卫生年鉴》编辑委员会:《中国卫生年鉴2000》,人民卫生出版社2000年版,第59页。
❷ 张自宽:《农村合作医疗应该肯定应该提倡应该发展——东北三省农村医疗卫生建设调查之四》,载《中国农村卫生事业管理》,1982年第2期。
❸ 《关于我省农村合作医疗情况的报告》,河南省档案馆馆藏,档案号:J136-27-3029。
❹ 项城县卫生志编辑室编:《项城县卫生志1986》,1985年版,第87页。

免收服务费。1984年社队改为乡镇以后，683个村只有170个村（占24.9%）坚持办合作医疗，另有138个村免收服务费，221个村实行村办，有46个村由赤脚医生承包，有25个村由卫生院、所申办医疗点，还有6个村属个体开业。❶

农村基层医务人员的减少也使合作医疗难以为继，这主要是由于赤脚医生数量的大量减少，以及随着国家知识分子政策的落实，那些原来由城市下放到农村的大批医务人员也开始逐渐返回城市，这在一定程度上削弱了卫生院及医疗站的医疗人员力量。

随着合作医疗的逐渐衰落，农村三级医疗卫生预防保健网也受到影响，合作医疗的停办，使许多赤脚医生改行，村卫生室关门，农村缺医少药的状况又严重起来，一些传染病、地方病也再次出现，一些农村又出现"看不起病，因病致贫、因病返贫"的现象，骗财害命的巫医神汉也趁机而入。

二、赤脚医生队伍的瓦解

作为合作医疗制度的主要执行者，赤脚医生群体在我国农村医疗卫生史上占有不容忽视的重要地位。他们是来自农村、扎根农村最基层的医务人员，积极为农民进行防病治病，开展卫生防疫，发放预防药品，宣传卫生健康知识，等等。可以说，赤脚医生的工作不仅辛苦而且很烦琐，但是他们无私奉献着青春，不怕苦不怕累活跃在农村防病治病的第一线，以特殊的工作方式为广大农民解决了看病难、吃药难的难题，使他们能在家门口看病就医，解除了疾患之苦，得到了基本的健康保障，改善了农村医疗卫生状况。

20世纪80年代初，随着人民公社解体，农村实行家庭联产承包责任制，合作医疗制度衰落，赤脚医生队伍也发生重大的变化。导致赤脚医生退出历史舞台的主要原因是农村经济体制改革，使赤脚医生不仅失去了集体经济的支撑，同时也失去了行政组织的依托。原来用记工分方式维持他们报酬的方式也不再适合，赤脚医生队伍自然难以维持。此外，随着社会的大变革，赤脚医生的医务能力和技术水平也不能适应当时社会对医务工作人员专业素质

---

❶ 杨念群：《再造"病人"——中西医冲突下的空间政治（1932—1985）》，中国人民大学出版社2006年版，第127页。

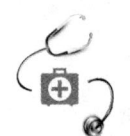

的更高要求，为了提高医务人员的技术水平，卫生部门也进行了改革，淘汰了一些不合格的卫生人员，这些措施使赤脚医生队伍的数量大大减少。

1978年，我国农村经济体制发生重大变革，由于失去了集体经济的支持，一些合作医疗站难以维持。有的地方将合作医疗站改为个体经营的方式承包给赤脚医生，即把原来的卫生室让赤脚医生承包下来，通过独立经营，自负盈亏，每年向村里交纳一定数额的利润。还有一些赤脚医生则离开了合作医疗站，自己开诊所进行个体经营。这些现象在全国农村较为普遍，导致赤脚医生队伍的数量不断减少。据统计，在1979年，全国有180万名赤脚医生，之后则是以平均每年减少40万人的速度逐渐减少。

1979年12月，卫生部等部门发布了《农村合作医疗章程（试行草案）》，草案明确指出要根据宪法的规定，国家积极支持、发展合作医疗事业，使医疗卫生工作更好地为保护好人民公社社员身体健康，发展农业生产服务。对于经济困难的社队，国家给予必要的扶植。❶ 由此看来，这个时期国家对合作医疗还是有一定的支持，因为这一制度对于解决农村医疗卫生问题有一定的意义。草案对赤脚医生的管理也有具体的规定，要求保持赤脚医生队伍的稳定，在对他们进行选拔、调动或撤换时不能随随便便，要经过合作医疗管理委员会或管理小组的讨论通过并取得公社卫生院的同意，以及公社审查后报县卫生局批准才可。这一复杂的程序显然表明了加强对赤脚医生的管理，以稳定队伍。

为了继续发挥这支庞大的农村基层医疗卫生队伍的作用，1981年2月，国务院批转了卫生部《关于合理解决赤脚医生补助问题的报告》。在这个报告中肯定了赤脚医生在农村基层卫生防疫等工作中所起的重要作用和地位，他们被认为是改善农村医疗卫生面貌，保障人民健康的忠诚卫士。同时，该报告要求对赤脚医生进行考核，只有经考试合格并获得相当于中专水平者才可领有"赤脚医生证"，要加强对赤脚医生的培训力度，提高他们的医疗技术水平，同时推行考核制度，要求他们必须掌握基本技能和常见疾病的诊治方法。强调对考核合格者颁发赤脚医生证书，对没有通过考核的，达不到要求的赤

---

❶《农村合作医疗章程（试行草案）》，选自卫生部基层卫生与妇幼保健司编：《农村卫生文件汇编（1951—2000）》，第592—593页。

脚医生则一律清退。❶ 显然，中央政府也认识到有些赤脚医生的技术水平落后，要加强对赤脚医生队伍的管理。

依据中央报告，地方政府也出台具体政策加强对赤脚医生的管理。河南省下发了《关于"乡村医生"考核发证工作的意见》，规定了河南"乡村医生"考核的考试范围、发证范围和发证条件。对于一些在骨科、口眼科、痔瘘等方面有一技之长的医生可由县卫生局组织专科考试。发证范围是针对在合作医疗站或大队卫生所工作的赤脚医生，包括那些发证前恢复了队卫生所符合条件的人员。发证条件是要拥护党的领导，坚持社会主义道路，遵守国家各项政策法令，热爱本职工作，服务态度好，积极搞好医疗、预防、妇幼保健和计划生育工作的农村赤脚医生，并且有相当于初中以上文化程度，1977年12月月底以前从事赤脚医生工作的，经考核、考试合格者；1966年年底以前从事医疗卫生工作的在职赤脚医生，可免于考试但须考核合格者；持有大、中专医药院校毕业证书、开业医生证书或中级以上技术职称证明的在职赤脚医生，可免于业务考核、考试，其政治考核合格者。❷

1982年，卫生部门认为赤脚医生的名称不能与国际接轨，而且他们的选拔、培训、管理和考核也缺乏规范。为此，卫生部要求对所有农村卫生人员进行考试，凡考试合格者就授予"乡村医生"证书。1982年，全国有125万名赤脚医生参加了统一考试，有34万人考试合格并获得"乡村医生"证书。这次考试也说明了当时赤脚医生的医疗技术水平普遍不高，通过考试淘汰了一些人，但这也使得农村基层医疗卫生人员减少了不少，在一定程度上削弱了农村医疗卫生的力量。以河南洛阳卢氏县为例，1982年3月该县举行乡村医生考试，有1 224人报考乡村医生，其中有152名西医、203名妇幼医生、653名中医师、216名药剂师。通过这次考试并领取"乡村医生"资格证的只有616人，及格率为51.5%，其余608人为卫生员。❸ 到1983年，人民公社彻底解体，失去行政组织依托以及集体经济支撑的赤脚医生队伍的数量大幅

---

❶ 《农村合作医疗章程（试行草案）》，选自卫生部基层卫生与妇幼保健司编：《农村卫生文件汇编（1951—2000）》，第592—593页。

❷ 《关于"乡村医生"考核发证工作的意见》，河南省档案馆馆藏，档案号：J136-30-3311。

❸ 《郭俊嵩副厅长在乡村医生考试发证工作座谈会上的讲话》，河南省档案馆馆藏，档案号：J136-30-3311。

减少，全国只有 120 万名赤脚医生。❶

1985 年 1 月 24 日召开了全国卫生厅局长会议，会上陈敏章提出"赤脚医生"的称号带有"文革"时期色彩，不宜再继续使用，建议通过医疗考核制度筛选医务人员，凡是通过医疗考核合格的医护人员即被称为"乡村医生"。❷ 同年 1 月 25 日，《人民日报》也发表《不再使用"赤脚医生"名称，巩固发展乡村医生队伍》一文。此后，全国范围内不再使用"赤脚医生"称谓。

为了提高乡村医生的技术水平，在这一年，国家对所有农村医疗卫生工作人员进行了统一的医疗资格认证考试，凡是考试通过的合格者，授予乡村医生证书，属于中级职称。而考试不合格或未参加考试的人员则统一称为卫生员，属于初级职称。该年全国 125 万乡村医生参加考试，只有一半的人通过了资格考试。到 1986 年有 64 万农村卫生人员被授予乡村医生证书，另有 65 万卫生员未通过乡村医生考试，两者合计为 129 万人。❸ 从此，"赤脚医生"这个名称开始淡出人们的视野。

集体化时期的赤脚医生队伍是特定历史条件下的产物，是基于农村医疗卫生资源严重匮乏，农民长期缺医少药困境的一种创造。他们的出现大大改善了农村医疗卫生状况，使广大农民的健康得到了有效保障，为国家医疗卫生事业的发展做出了不容忽视的贡献。但是，随着时代的变迁，农村社会经济体制发生重大变革，失去行政组织依托及集体经济体制支撑的"赤脚医生"队伍也不得不退出历史的舞台。

第二节 合作医疗衰落的原因

伴随集体化时期的结束，合作医疗制度也逐渐解体，关于解体的原因许多研究者进行了深入的分析，认为主要的原因是农村经济体制的变革导致集

---

❶ 中国卫生年鉴编委会编：《中国卫生年鉴》，人民卫生出版社 1984 年版，第 60 页。
❷ 蔡仁华、周采铭：《中国改革全书（医疗卫生体制改革卷）》，大连出版社 1992 年版，第 137 页。
❸ 张开宁等主编：《从赤脚医生到乡村医生》，云南人民出版社 2002 年版，第 22 页。

体经济支持的消失、制度自身也有种种缺陷、政治环境及国家医疗政策的变化等。❶ 这些因素影响着合作医疗的发展，综合这些研究，笔者认为造成农村合作医疗制度衰落的主要原因是农村经济体制的变革，合作医疗制度本身存在的缺陷，以及政府支持力度不足等。

一、农村经济体制的变化

20世纪80年代初，我国农村社会发生重大变革，最为显著的是长达20多年的人民公社制度解体。学者们对人民公社制度解体的缘由进行了深入研究，有的认为人民公社政社合一的体制脱离了客观实际，违背了经济规律，特别是从个别领导人主观意志出发，靠强有力的行政手段推行，使得生产队生产经营活动受到干预，生产队的产权缺失，导致农民生产积极性下降，农业生产得不到有效提高。❷ 有的指出人民公社实质是一种反现代化的运动，忽视了农民这一主体的生存和发展需求，特别是其平均主义的特征极大地挫伤了农民的积极性和创造性，公社化运动具有一定的空想色彩。❸ 还有的认为人民公社制度解体的原因是多方面的，其中家庭联产承包责任制的推行以及进入改革开放时期思想的大解放是导致人民公社最终解体的重要原因。❹

农村社会的重大变革直接影响了合作医疗制度。首先是农村经济体制改革，家庭联产承包责任制取代了人民公社政社合一模式。这使得村集体经济的力量弱化，合作医疗没有赖以存在的经济基础，失去它重要的筹资来源。在人民公社时期，人民公社政社合一的管理模式有效地支撑了合作医疗的运作。合作医疗的筹资主要是由社员和生产队两级筹款而来，公社和生产大队很少有副业收入以支持合作医疗，它们主要是对合作医疗起到管理的作用，所以合作医疗基本上是和生产队紧密联系在一起。然而随着公社的解体，生产队也逐渐解体，合作医疗失去了重要的筹资单位。由于没有集体筹资的支

---

❶ 马冀：《农村传统合作医疗制度研究的现状和思考》，《中共党史研究》，2013年第3期。
❷ 辛逸：《关于农村人民公社的分期》，《山东师大学报（社科版）》，2000年第1期。
❸ 章征科：《人民公社骤兴速散的内在原因分析》，《安徽师范大学学报（人文社会科学版）》，2004年第5期。
❹ 范晓春：《浅析党的十一届三中全会后人民公社解体的历史原因》，《党史研究资料》，2001年第10期。

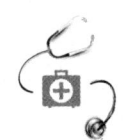

持,免费比例自然相应减少。因此,许多大队的卫生所都开始实行收费经营,合作医疗的资金则主要依靠社员个人来负担,而且这个数额是很有限的,这无疑增加了农民的经济负担。

此外,由于失去了最重要的集体经济的支持,合作医疗的凝聚力也大大降低,一些社员不再愿意参合。集体化时期合作医疗的资金主要由集体经济来保障,每年由生产队按照一定的参合人数统一扣除,这大大减轻了农民的经济负担。而农村经济体制变革后,集体经济不再支撑合作医疗,而是由农民个人支付资金,一些农民就对合作医疗失去了信心,参合人数也就减少了。还有,随着家庭联产承包责任的实行,农民不再被人民公社所束缚,他们可以自由经营,自己种植,一些农民还选择离开家乡到城市去务工,使原有比较集中的农村劳动力逐渐分散,这也使合作医疗不再有以前较为稳定的参合人员。

还有一点需要指出,有研究者提出公社解体后乡镇府替代了公社的部分职能,乡镇府还有诸如"乡统筹""村提留"以及部分乡镇企业等各种费用,这些资源可以用来解决合作医疗的资金筹资问题。但是,在公社解体后,各地农村的乡政府、村委会都在着手新的基层组织机构的建立和运行,需要庞大的费用来维持组织机构的运行,很少有把这些资金用于发展合作医疗的,即使有一些地方的基层政府愿意继续实施合作医疗,那也是当地的经济状况很富裕,但是大部分的农村是没有这个条件的。因此,可以说,农村经济体制的变革使合作医疗失去了集体经济的支撑,筹资渠道更加困难。

依托集体经济提供报酬的赤脚医生队伍逐渐解体,使合作医疗失去了重要的执行者。有研究者认为赤脚医生的存在是依附于集体经济的,在集体化时期,赤脚医生的工资主要实行工分制,他们收入的多少则是依据生产队收成情况及其个人表现分到相应的粮食及折合现金,当然有一些经济条件富裕的大队也会发给他们现金作为补贴。总的来说,赤脚医生的收入较一般的社员高,这也正是保证其队伍稳定,使合作医疗得以顺利开展的人力保障。随着家庭联产承包责任的实行,公社被解体后土地就分到每个农民的手中,使原来依靠集体经济工分制的赤脚医生的待遇无法解决,导致这支队伍逐渐解体。改革后的赤脚医生为了生存,也要自己经营种地,但是由于他们所从事的医务工作比较繁重,通常没有太多的时间和精力放在家庭副业上,并且看病治疗的收入大多归集体所有,即使进行了农村医疗卫生的预防和宣传工作,也几乎没有大队的奖励,这些变化严重影响了赤脚医生的工作积极性。

许多赤脚医生不愿再从事合作医疗的工作,开始纷纷转行,或者进行单干。一些技术水平较高医德良好的赤脚医生被大队留下来继续工作,他们承包了卫生室,自负盈亏,每年向大队交纳一定的费用,与之前的合作医疗截然不同。如山西省昔阳县,在 1984 年,全县有 53 个大队卫生室停办,县卫生局对大队卫生室也试图进行整顿,但是成效不大。全县赤脚医生总数由原来 511 人下降为 404 人,个体开业人数在 1984 年为 3 人,1985 年增加到 27 人。❶ 可以说,因经营方式的转变,这些卫生所变成了养家糊口的谋生手段,为保证利润的最大化,开大方、买贵药、卖假药等现象也频频出现。

由此可知,农村经济体制的变革使合作医疗依赖的村集体经济的力量弱化,以往人民公社对合作医疗的巨大支撑不复存在,合作医疗失去了长期依赖的外部支持。

二、合作医疗制度自身的缺陷

合作医疗制度的衰败与其制度自身也是有关联的。合作医疗是在 20 世纪 50 年代中期兴起的,到 1966 年才开始在农村的部分地区推行,1968 年毛泽东对乐园公社发出"合作医疗好"的称赞后,在全国范围开始迅速普及推广,并且发展速度很快。通过前面对合作医疗制度变迁的考察,我们发现在其发展历程中央政府给予了很大的支持,在不同的阶段不断出台相关文件、指示等以推进合作医疗的发展,但是这些只是一般的文件,并没有一套较为系统和成熟的合作医疗管理制度。1979 年卫生部等虽然制定了《农村合作医疗章程(试行草案)》,尚无其他的法律或者国家级较为规范性的文件提供法律依据,可见,合作医疗制度缺乏一套完整规范的发展规划及监督机制。《农村合作医疗章程(试行草案)》颁布得也比较晚,一些内容也不完全符合当时农村经济发生的新变化,没有真正起到规范的作用,致使一些地方的合作医疗出现混乱。

在创办合作医疗的过程中,除了少数经济条件较好的社队发展得比较稳

---

❶ 《在全县卫生工作会议上的总结》,山西省昔阳县档案馆藏,馆藏号:62-1-94:39。

定外，有不少社队的合作医疗存在不稳定情况，难以持续发展。特别是在1971—1973年，全国许多社队的合作医疗普遍出现了"一紧二松三垮台"现象。如安徽凤阳县，1969年开始创办合作医疗，1971年全县有342个社队都实行了合作医疗，但是到1973年年底，全县合作医疗的覆盖率只有15.8%，1974年年底又恢复到88%，1977年为94.4%，1979年不容乐观，只有24.5%的大队在实行合作医疗。❶ 由凤阳的例子可见，合作医疗的发展是极不稳定的，这与其制度本身缺乏可持续性有关，而在这种起伏变化中，有一定的因素是政治作用在推动，而不是制度自身的稳定性。

朱玲对凤阳县的个案研究也进一步说明了合作医疗自身制度缺乏可持续性，导致在制度运行中出现种种垮台、停办等问题，难以为继。朱玲认为导致合作医疗垮台的一个原因是财务制度缺乏持续性，即资金来源有限但支出没有有效的控制，"根据大队的不同情况，该县合作医疗资金筹集标准是每人最多1元，最少则是1个鸡蛋。医药支出时社员除交纳5分钱的挂号费外，其他费用则是由合作医疗负担。而以公社为单位的合作医疗还要负担因本公社不能医治而转院的病人的一切费用。❷ 而且这种制度设计势必造成由于患者过度消费医药服务，又不能采取及时的约束，存在一定制度隐患，导致合作医疗终将垮台。

的确如此，在全国其他的农村也存在这种现象。每个大队在按照人头交完一定数额的合作医疗资金后，许多社员都认为反正交了钱，医药费又减免，所以无论大病还是小病，他们都爱去医疗站开药，甚至还要求开好药。如山西闻喜县东鲁村的一些村民就是小伤小病多开药，并且还要开好药，有的还给外村的亲戚开药，甚至有的人给自己养的猪、鸡等开药。❸ 这些现象造成医疗站的财务收不抵支，为了维持合作医疗的开办，又得需要社员再增加缴费金额，而许多人又不愿再多交钱，集体的补贴也很有限，最终又不能支撑太

---

❶ 王耕今等编：《乡村三十年：凤阳县农村社会经济发展实录（1949—1983）》，农村读物出版社1984年版，第568—580页。

❷ 王耕今等编：《乡村三十年：凤阳县农村社会经济发展实录（1949—1983）》，农村读物出版社1984年版，第568—580页。

❸ 佩慧：《闻喜县东鲁村医疗保健案例分析》，载李卫平编著：《中国农村健康保障制度的选择》，中国财政经济出版社2002年版，第188页。

久，导致合作医疗不得不停办。

另一个原因是一些大队干部及社员享受过高的医疗保健服务，导致大多社员对合作医疗的公平失去信心。在各地创办合作医疗时大都有个别社队的干部及其家属多拿药和拿好药，享受特权的现象，而一般社员连正常的药费报销都经常拖欠。还有一些干部不按时缴纳合作医疗医药费，甚至长期欠账，社员对此很有意见，认为这是不公平的，抱怨说这是"群众交钱，干部吃药""干部吃好药，群众吃草药"等。有了这种不满情绪也就不愿再参加合作医疗，或不愿再按时交钱，时间一长就影响了合作医疗的正常发展。因此，一些地方政府在整顿合作医疗时就指出要实行"谁看病谁给钱"，不能再搞干部看病特殊化了。

还有，合作医疗资金筹资渠道过于单一，在一定程度上制约了制度的发展。除了一些经济条件比较富裕的大队没有资金困难问题，他们基本上不需要向社员征收太多的资金。而许多农村在创办合作医疗时，资金难以筹措是很普遍的问题。我们知道合作医疗的资金来源主要是社员集资和集体公益金共同组成，合作医疗的形式主要是大队办的较多，这就决定了资金的筹措不仅范围较小而且数额较低，很难维持其持续发展。

张开宁在对赤脚医生的研究中就指出了这种现象，如云南的一些地方有些社员只交2元钱的合作医疗资金，但看病吃药就花费了几十元钱。还有一些重病患者到外地看病，仅医疗费就报销近2 500元，而他们整个大队的资金总额才只有3 000元，这样势必导致合作医疗资金入不敷出，在实行4年后就亏损了4万多元，最后不得不停办。山西一些地方也出现这样的问题，一些医疗站只留5%的收入用于发展，其余约30%则作为合作医疗经费，社员每人每年交纳1.5元，所占比例为20%，其余的50%则由大队公积金支付。但实际上小队又不能按时支付公积金，时间久了卫生室的药也用完了，社员摊款也不能归还，仅开展3年就垮台了。❶

这些现象在当时农村都普遍存在，如湖北麻城县，它们的合作医疗在当时是开展得比较好的一个典型，但在资金和药品的管理、社员药费报销以及病人转诊制度等方面也存在种种问题，影响了合作医疗的顺利发展。原卫生

---

❶ 张开宁等主编：《从赤脚医生到乡村医生》，云南人民出版社2002年版，第290—294页。

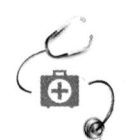

部官员张自宽就曾指出麻城合作医疗制度中存在的漏洞，需要一套严格的制度加以监督，保障运行。❶ 还有，河南正阳县也是创办合作医疗较早的一个典型。但早在创办之初就存在一些问题，主要问题有：一是一些社员有狭隘的个人主义倾向，认为反正交了钱，如不去看病拿药就会吃亏。因此，不论有啥毛病都要到医疗站看病拿药甚至还要求打针，并且还要拿好的药，造成许多浪费。二是有一些医务人员私心太重，对一些关系户特殊照顾，不论他们得轻病还是重病一律都给开较贵的药物，甚至有医务人员贪污公家的金钱及药品，造成药品浪费和公有财务损失；还有的医务人员缺乏认真负责的工作态度，不顾一切手段争名争利，造成极为恶劣的社会影响。❷ 这些现象影响了其顺利发展。

针对上述现象，地方政府也曾试图进行整改。但是，随着1969年合作医疗在全国迅速发展，实现了遍地开花，而"文革"时期浓郁的政治氛围也推动了各地政府都把创办合作医疗作为一项政治任务，是两条路线上的阶级斗争，一味追求合作医疗的覆盖率等，而对于制度的漏洞就忽视了。于是，这些制度漏洞问题就没有得到及时解决，在之后的发展中形成隐患，出现合作医疗的不稳定状态，甚至难以维持而垮台。到改革开放初期，这些制度上的缺陷和漏洞更为突出，根本不能适应新的社会经济体制的变革，导致合作医疗制度逐渐衰落。

三、政府支持动力不足

集体化时期，农村合作医疗得以发展的一个重要因素是各级政府的大力支持。合作医疗办得好不好，能不能坚持下来，需要政府及主要领导人的大力支持。如上海和苏南各县、山东招远、湖北广济等地的合作医疗搞得好，主要是由于地方党政领导支持。❸

十一届三中全会后，国家工作重点转移到以经济建设为中心的社会主义现代化建设上。随后，在国家层面上对合作医疗的态度也发生变化，合作医

---

❶ 张自宽：《论合作医疗》，中国医药杂志社2003年版，第22页。
❷ 《正阳县推广合作医疗的经验》，选自健康报编辑部编：《介绍民办合作医疗的经验》，人民卫生出版社1958年版，第19页。
❸ 张自宽：《论合作医疗》，山西人民出版社1993年版，第12页。

疗的社队覆盖率也逐渐下降，一些地方的合作医疗纷纷解体，对于这个现状，并没有得到中央政府的太多关注，"当时忙于实行家庭联产承包责任制的中央领导人，对此没有任何表态"。❶ 到 20 世纪 80 年代中期后，媒体的"禁言"以及相关领导人对合作医疗关注的淡化。中央和地方在言论和政策上都对办合作医疗持怀疑甚至否定的态度，甚至在舆论和政策上做出了一些错误的导向。因此，对合作医疗不感兴趣，很少宣传报道，甚至有人指出搞合作医疗是"吃白薯""欺骗老百姓"等。❷

1982 年，在颁布的新《宪法》中没有出现关于"合作医疗"的表述。并且在同年卫生部出台的《关于适应农村形势的发展，健全农村基层卫生组织的意见》中也没有对发展合作医疗支持的言语。在意见中指出："由于我国农村经济发展不平衡，实行什么样的医疗制度，办什么样的合作医疗，要从当地的实际情况出发，坚持自愿的原则……条件不具备或社员群众不愿意办的地方，就不要勉强举办。不能用行政命令的办法去硬性推行某种形式的医疗制度。"❸ 显然，中央政府不再像以往对合作医疗大力支持，这使得合作医疗制度也难以继续维持。

1985 年，在卫生部提交的《关于卫生工作改革若干政策问题的报告》中也没有对合作医疗的支持，仅仅是指出"在医疗制度上，可以实行看病收费，也可以实行合作医疗或其他的办法后，新启动的'医改'话语不再涉及合作医疗"。❹ 而卫生部的主要领导在讲话中也不再谈及合作医疗。原卫生部司长张自宽也指出："在一段时间里，作为国家卫生部，对合作医疗肯定的话少了，否定的话多了"，❺ 甚至一些媒体也禁言合作医疗，在《健康报》就有一条内规，"凡属正面宣传合作医疗和农村基层卫生组织集体办医的稿件，一律

---

❶ 王绍光：《学习机制与适应能力：中国农村合作医疗体制变迁的启示》，《中国社会科学》，2008 年第 6 期。
❷ 张自宽：《论合作医疗》，山西人民出版社 1993 年版，第 13 页。
❸ 王绍光：《学习机制与适应能力：中国农村合作医疗体制变迁的启示》，《中国社会科学》，2008 年第 6 期。
❹ 张怡民：《中国卫生五十年历程》，中医古籍出版社 1999 年版，第 209—281 页。
❺ 张自宽：《亲历农村卫生六十年——张自宽农村卫生文选》，中国协和医科大学出版社 2011 年版，第 42 页。

不准见报"。❶ 由此可见，合作医疗走向衰落也成为必然。

伴随着改革开放，我国的医疗卫生政策发生重大变革，开启了"现代化"的进程。卫生部主要负责人也提出了要"运用经济手段管理卫生事业"。1979年4月，卫生部发出《关于加强医院经济管理试点工作的通知》，这标志着我国医疗卫生领域的改革，在文件中出现了"成本核算""经济管理"等概念。在同年召开的全国卫生厅局长会议上，卫生部部长钱信忠也指出卫生工作的重点要转移到医药卫生现代化建设上来，"首先要有一支掌握现代科学技术的医药卫生队伍，要有一批世界第一流的中、西医药卫生专家和中西医结合的高明理论家，要有一批数量充足、质量合格的技术人才和管理人才；……实现医药卫生现代化，还要有相应的技术设备；……实现医药卫生现代化，还必须在管理上进行改革，加强科学管理"。❷

显然，改革开放后我国医疗卫生事业发展走的是一条以追求高质量、高技术、高效率以及专业化、私人化等为主要特征的"现代化"之路。❸ 这与集体化时期医疗卫生体制的发展取向是有本质区别的。

可以说，缺乏政府的支持，国家的医疗政策也发生了转向。改革开放之后，国家医疗卫生事业建设的重点转向了城市。据杨念群对改革开放前后某县城乡医疗卫生人员数量的对比研究，其结论是1966年为1∶2.99，1974年为1∶3.39，1987年则为1∶1.19。❹ 这个数据说明了国家医疗卫生资源的转变。随着国家医疗政策的转变，合作医疗的覆盖率逐渐下降，而农村集体经济以及人民公社体制的解体更是加剧了这一现象，到1989年只有4.8%的覆盖率。❺ 随着政府支持的淡化，合作医疗不再被列入政府的主要议事，广大农

---

❶ 张自宽：《亲历农村卫生六十年——张自宽农村卫生文选》，中国协和医科大学出版社2011年版，第322页。

❷ 张怡民：《中国卫生五十年历程》，中医古籍出版社1999年版，第177—179页。

❸ 参见：Henderson, Gail, and Myron Cohen. Health Care in the People's Republic of China: A View from Inside the System. American Journal of Public Health, 1982, 72 (11): 1243; Lampton, David. Changing Health Policy in the Post-Mao Era. The Yale Journal of Biology and Medicine, 1981 (54): 21-26; Smith, Christopher. Modernization and Health Care in Contemporary China. Health&Place, 1998, 4 (2): 126; Sidel, Ruth, and Victor Sidel. The Health of China. Boston: Beacon Press, 1982: 14.

❹ 杨念群：《再造"病人"：中西医冲突下的空间政治：1832—1985》，中国人民大学出版社2006年版，第39页。

❺ 蔡天新：《新中国成立以来我国农村合作医疗制度的发展历程》，《党的文献》，2009年第3期。

民又回到以自费看病为主的时代。

四、农民医疗需求的变化

合作医疗出现在农村缺医少药的年代，它实现了普通农民能在家门口看病就医，在当时农村普遍贫困的情况下为广大农民提供了可以实现的医疗保障，并且还较好地控制了传染病、地方病的流行，因此，合作医疗深受广大农民的喜爱。但是，合作医疗只能保障小伤小病的治疗，一旦患上大病重病，有限的大队集体医疗基金无力承担较大的医疗费用，农民不得不自费去看病，他们是生不起大病的。

改革开放后，我国农村社会发生巨大变革，农村经济大力发展，农业生产得到提高，农民的生活水平也得到不断改善。富裕的农民对生活质量有了更高的追求，他们的医疗卫生需求也不断提高，不再是以往"单层次、低需求"的水平，而是追求"多层次、高需求"。此外，随着农村社会的发展，一些新的疾病也相继出现，如糖尿病、心血管疾病等慢性病成为农村地区的主要疾病。在这种情况下，农民的医疗需求也发生了变化，这就需要对合作医疗制度进行调整和完善，以保障农民医疗需求的变化。

1985年后，私人及合伙制形式的村级卫生室都是需要收费的，可见农村医疗服务体系逐渐趋于民营化状态。即使有一些集体办的村级卫生室也多是被私人承包，因此，无论是民办还是公立，农村的医疗卫生服务基本上都是收费的。许多医疗卫生机构从过去依赖政府财政拨款的公立模式转型为以服务换取收入的模式，这也包括像防疫站这样的公共卫生机构。这就是说县医院、乡镇卫生院、妇幼保健机构、防疫机构以及村卫生室等所有医疗机构，都是追求收入最大化的市场主体，这些现状导致了医疗费用上涨，医疗费用的上涨幅度远远大于农民收入的增长，加大了农民的经济负担。

第六章
对农村合作医疗制度的一些思考

第六章 对农村合作医疗制度的一些思考

通过对集体化时期我国农村合作医疗制度发展历程的回顾，可以看到这一时期国家农村医疗卫生事业的发展具有浓郁的时代特点。在这种时代烙印下，国家推行合作医疗最根本的目的是缓解农村地区就医难的状况，给长期缺医少药的广大农民提供一个基本的医疗服务，而农民在加入合作医疗后也能看得上病和看得起病，他们的健康得到了有效保障。

第一节 合作医疗制度的历史作用

集体化时期，中央政府在农村大力推广合作医疗，建立了一种以低成本的投入换来覆盖面广的基层医疗保障体系，使广大农民群众看得上病、看得起病，健康得到基本保障。这一制度的实施可以说是后发国家现代化建设的一项奇迹。作为特殊时代下的制度产物，农村合作医疗制度的历史作用主要表现在以下几个方面。

一、在防疫方面，建立了农村三级医疗预防保健网，有利于落实卫生防疫、爱国卫生运动、妇幼保健和计划生育等农村卫生医疗工作

农村合作医疗制度有利于发挥农村三级医疗预防保健网的作用，促进农村开展医疗预防保健工作，减少农村地方病、常见病及传染病的发生。除了为农民进行医治，合作医疗还坚持预防为主、防治结合的方针。承担卫生防疫、爱国卫生运动、计划生育、妇女孕产期保健、儿童计划免疫、地方病疫情监测等工作，并积极开展农村管水、管粪等群众卫生工作等。

可以说，合作医疗制度所包含的职能很广泛，超越了一般医疗保障制度所承担的职能。如在卫生防疫方面：为广大社员进行预防服药、接种疫苗，使一些季节性传染病和多发病得到有效的预防控制，保障了农民的健康。在妇幼保健方面：通过大力推广新法接生，培养农村接生员、助产员，成立农

村产院、推广新法育儿等措施，使农村妇女能够科学健康生育。此外，还向妇女宣传普及经期卫生知识，实行经期孕期挂笺制度，对妇女实施劳动保护制度，保障了妇女及儿童的健康。在传染病的防治方面也取得了很大成效，以血吸虫病为例，新中国成立前全国有2 000多万的患者，到20世纪60年代，基本上就消除了这种地方病。

总之，合作医疗制度大大改善了广大农村的医疗卫生状况，如新中国成立初期，我国广大农村由于各种传染病、流行病、地方病高发，人均期望寿命还不足35岁，仅婴儿的死亡率就高达200‰以上。随着合作医疗制度的实施，农民的健康得到保障，仅婴儿的死亡率就由新中国成立初期的200‰降至25.5‰；产妇死亡率由1 500/10万降至51.3/10万；人口死亡率由17‰降至6.42‰；人均期望寿命由35岁提高到71岁。❶

二、在医治方面，合作医疗初步解决了"看不上病"和"看不起病"的问题，缓解了农村缺医少药的困境，减轻了农民的经济负担，有效地保障了他们的基本健康

集体化时期农村合作医疗通常以生产大队为单位，由生产大队、生产队和社员共同集资办医疗，形成了县医院、公社卫生院以及村卫生室的三级医疗预防保健体系，形成小病在家门口、急慢性病到公社卫生院、疑难病到县医院进行治疗。这种医疗模式是适合农村地区的，使他们能够就近看病吃药，初步解决了"看不上病"和"看不起病"的问题，保障了农民的身体健康，促进了农业生产发展。通过建立以队办合作医疗等为基础的医疗体系，以较低的经济成本和较大的覆盖率使农民群众得到普遍的健康保障。合作医疗的实施使广大农民在患病时能得到及时治疗，而且免费幅度较大，不但减少了小病拖成大病的概率，又减轻了治病的经济负担。对一些困难户和患有严重慢性病的患者而言，更是雪中送炭。

农村合作医疗制度减轻了农民因疾病造成的经济负担，减少了因病致贫、因病返贫，促进了中国卫生状况的显著改善和居民期望寿命的明显增长。从人口预期寿命来看，就得到大大的提高。20世纪30年代，我国出生婴儿能够

---

❶ 陈海峰：《中国卫生保健史》，上海科学技术出版社1993年版，第140—145页。

活到1岁的有84%，其中活到15岁的男性和女性分别为56.2%和57%，也就是说有近一半的婴童在15岁之前就夭折了。当时人口的预期寿命较低，仅有35岁。由于实施了农村合作医疗制度，广大农民的健康得到了基本保障，到1981年，我国人口预期寿命增长到67.9岁，婴儿死亡率也下降到3.74%。

农村医疗保障制度的直接受益者是农民。合作医疗推广之前，广大农村长期面临缺医少药局面，而实施合作医疗之后，广大农民无需支付高额的费用就可以享受到初级医疗保健服务，农民的基本健康得到了有效的保障，绝大多数农民基本"看得起病"，看病难的问题基本得到解决。总而言之，集体化时期国家用了只占GDP3%左右的医疗投入，却为广大农民提供了最低限度的基本医疗卫生服务，实现了占中国80%人口的农村地区的基本医疗需求。

三、合作医疗制度的实施体现了互助共济合作，实现了医疗卫生公平

许多研究者认为，合作医疗制度的实施实现了二元体制下城乡社会较大程度的公平。农村合作医疗是一种依靠农民自己的力量，通过共同集资、互助共济的公益性健康保障制度。这一制度以公平至上为价值取向，秉承集体互助的理念，初步保障了广大农民的基本健康。如合作医疗制度的资金筹资方式是由广大社员共同融资筹集，形成了一种互助共济的合作。在这种合作关系中，不仅改善了看病难的问题，使普通农民的基本健康得到保障，同时在实施中通过家庭互助、社员互救等方式，弘扬了传统美德，推动了农民的互动和交流，使他们的情感得到加深，乡村的社会关系更加和谐，农业生产效率得到提高。

在实施合作医疗之前，虽说国家对县、公社等卫生机构的建设投入了大量的经费，但这些卫生资源基本上还是针对少数有医疗保障的人群使用。广大基层农民由于生活贫困，是没有钱去县医院或公社医院看病的，对于一些偏远贫困地区的农民来说，甚至一辈子都没去过县城，进城看病则是一种奢侈。而合作医疗制度则能体现社会主义国家的特征，将农民作为平等参与主体，他们从中能得到一定的实惠，看病就医的基本权利得到保障。如合作医疗使广大农民大都能参与其中，在资金的筹集和分配上，所有社员交纳的费用都是一样的，他们在看病时只需交纳挂号费和部分药费，其余的基本免费。

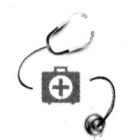

也有一些经济条件好的大队会实行更多项目的免费,对于一些特殊患者,如患慢性病或家庭极为困难的患者,许多大队都有一些特殊的政策给予照顾和优惠,体现了一定的社会公平。

四、农村合作医疗制度具有一定的世界意义,为世界其他国家和组织开展卫生保健实践提供了成功范例

集体化时期我国农村合作医疗制度受到国际社会的关注,得到一定的认可和赞扬,对世界其他国家和地区的医疗卫生实践有一定的指导意义,被称为一场伟大的"卫生革命"。❶ 这种在较短时间建立的低水平、覆盖广、集体福利型的合作医疗制度,其低投入、高产出,一度成为发展中国家的学习楷模。

20世纪80年代初,世界卫生组织及世界银行都派出专家对我国农村医疗卫生现状进行了深入考察。他们高度赞扬了我国农村实行的合作医疗制度,称为"发展中国家解决卫生经费的唯一范例",并指出我国在占80%人口的农村地区,发展了一个成功的基层卫生保健系统,向人民提供低费用和适宜的医疗保健技术服务,满足了大多数人的基本卫生需求,这种模式很适合发展中国家的需要。❷

到1980年,我国农村约有90%的生产大队都实行了合作医疗,这一制度也成为我国医疗保障制度的三大支柱之一,大大实现了中国卫生状况的改善,显著增加了广大居民的期望寿命,被称赞为"从我国实际情况出发,解决八亿农民看病吃药问题的成功经验"。❸ 1983年,中美卫生专家共同合作对我国农村医疗卫生发展状况进行了研究,他们对两地的平均期望寿命进行了比较分析,得出的结论是:1950年中国上海民众平均期望寿命是44.7岁,到1980年提高到72.4岁;美国民众平均期望寿命在1900年为49.2岁,到

---

❶ 世界银行:《中国:卫生模式转变中的长远问题与对策》,中国财政经济出版社1994年版,第5—6页。

❷ 张自宽等:《中国农村合作医疗50年之变迁》,《中国农村卫生事业管理》,2006年第2期,第4页。

❸ 世界银行:《中国:卫生模式转变中的长远问题与对策》,中国财政经济出版社1994年版,第17页。

1980年为73.2岁。这个数字直观地反映了上海用了30年时间使民众的平均期望寿命增加了27.7岁,而美国则用了80年时间使平均期望寿命增加了24岁。这充分说明了我国在实施农村合作医疗制度后,农村医疗卫生状况得到显著提升,广大农民的健康得到了有效的保障,居民期望寿命增加不少。❶

经济学家阿玛蒂亚·森也认为我国的农村合作医疗制度实现了普通民众的医疗保障,为当代世界的发展做出了重要的贡献。的确如此,新中国成立初期,我国社会各方面发展都较为落后,在一穷二白的基础上通过实施合作医疗制度,使广大基层民众的健康得到有效保障,这是一个了不起的行为。因此,他认为中国农村医疗卫生的发展现状表明了在一定的条件下卫生发展是可以不完全受有限经济手段的影响,并指出:"虽然当时中国的人均收入水平很低,但是中国的卫生成就已经开始同那些远比中国富裕的国家比肩了。"❷

合作医疗为广大农民提供了最基本的健康保健,改善了农村长期缺医少药之困,保护了农村劳动力,促进了农业生产,使农村社会得到发展。据相关统计,1950年到1982年,由于健康得到保障,我国人均期望寿命从35岁提高到69岁,而寿命延长所创造的经济价值达24 730亿元,相当于GDP的22%。如果以每年抚养一个婴儿实际花费为250元计算的话,新中国成立以来,仅通过降低婴儿死亡率这一项医疗保障措施,就为全社会带来了2.6亿美元的经济收益。

可见,良好的医疗卫生保障制度能够有效促进社会经济发展,而集体化时期我国农村合作医疗的实施,在一定程度上保障了农民群众的健康,使农村的医疗、预防以及保健工作得以落实,保护了农村的人力资源,促进了国民经济的发展。

---

❶ 陈海锋编:《中国卫生保健史》,上海科学技术出版社1993年,第98页。
❷ 阿玛蒂亚·森:《人类发展与健康》,《二十一世纪》(香港),2006年12月号总第98期,第4—12页。

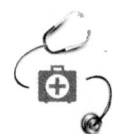

第二节 赤脚医生的历史作用

赤脚医生是集体化时期我国农村最基层的医务人员,在那个贫困年代,他们肩负着重要的使命。身背一个药箱,手拿一把草药,穿梭在乡村的田间地头,为广大农民进行医治,他们的工作是很繁杂的,不仅要为农民进行基本的医治,还要在农村开展卫生防疫、爱国卫生运动、妇幼保健、计划生育、控制传染病及地方病防治等工作。可以说,赤脚医生以无私奉献的精神支撑着集体化时期农村医疗卫生事业的发展,保障了广大农民的基本健康。正如一首诗所描绘的:"赤脚医生……风里来,雨里去,看病认真又仔细,自力更生去采药,一心一意为集体……贫下中农欢迎你。"

一、方便群众及时就医,保障广大农民的基本健康

在赤脚医生出现之前,广大乡村基本上没有固定的医务人员,只有一些游走的中医郎中,而他们提供的医疗服务还是很简单的,远远不能满足广大农民的需求。另外,以中医中药为主的治疗方式有些见效比较慢,效果也不太理想,一旦暴发常见传染病和流行疾病,如麻疹、流脑、疟疾、乙脑等,这些游走的郎中大多是无法及时应对的。当然,村子里也会偶尔出现一些巡回医疗,主要是来自城市的西医,但是这些是短期行为,不能持续有效地为农民进行医治。因此,农民一旦患病,还是处于看病难的现状,并且由于不便的交通、贫困的经济现状以及昂贵的治疗费用,普通农民很少也很难去县医院或公社医院看病,很多农民一辈子也很少去医院就医,去医院看病可以说是一种奢求,一旦患病大多只能拖延或用一些土方土药,甚至还有小病拖大病导致死亡的。

可以说,农民看病难现象是赤脚医生出现之前农村的一个普遍现象,而赤脚医生的出现则改变了这个现状,实现了农民可以在家门口就近看病并且看得起病。作为不脱产的卫生员,赤脚医生是一个特殊的群体,他们平时就和社员一起生活、劳动。一旦社员出现病情,他们总会在最短的时间赶到现场为社员及时进行医治,基本做到了"村民小病不出村"。而遇到疫情发生

时,他们也能够及时开展预防工作。并且,赤脚医生大多是来自本村的居民,他们与广大社员相互熟悉,交流起来也充满乡土气息,社员也愿意接受他们的治疗。可以说,在赤脚医生和广大农民之间形成了一种和谐的医患关系。

尽管大多赤脚医生没有高超的医术水平,但是他们来自农村,比较贴近农民群众,农民也愿意在自己家门口让熟悉的医生看病,而且赤脚医生的服务态度也很热情,不像大医院的一些医生态度冷冰冰。他们能为广大农民提供方便、周到和及时的医疗服务,而药品的价格又低廉,真正解决了农民长期缺医少药的实际问题,备受农民的欢迎。

1969年后,随着合作医疗制度在全国普及推广,赤脚医生队伍也庞大起来,逐渐覆盖了每个村子,他们的分配基本上是按每千人有2~3人的比例。在经过培训后,这些来自农村基层的医务人员就开始为农民进行各种治疗,保障广大农民的基本健康。除了进行医治,赤脚医生在开展农村计划免疫、卫生防疫、健康教育等方面也发挥了不可替代的作用。在繁重的医治工作外,许多赤脚医生还大力宣传医疗卫生知识,开展以除害灭病为中心的爱国卫生运动,鼓励社员移风易俗等,大大改变了农村的卫生面貌。如他们积极开展卫生防疫工作,使农村普遍的流行病、传染病、地方病等逐渐得到控制,甚至消灭了一些传染疾病和地方病。

二、是一支扎下根、养得起的农村医疗卫生队伍

如前所述,赤脚医生是从农村基层选拔出来的,经过培训之后他们基本上就在所在的村子里进行服务。他们不仅了解乡村社会,并且和村里的农民较为熟悉,这些使得他们能够在农村稳定地开展医疗工作。对于赤脚医生的培训,基本上不需要花费大量的时间和财力。在各地的培训中,大多采取就地培训,通常在农闲时节进行短期培训。除了定期组织一些理论课程的学习外,赤脚医生的培训注重实践学习,这种方式既培养了农村医务人员,也不会耽误农业生产。

赤脚医生大多数是以中医为基础,"一根银针,一把草药"的形象描述了赤脚医生治病的基本方法,这样做的好处是显而易见的,中医所用的草药简单易得,尤其是"三土、四自"活动的开展,通过自采自制中药,基本上可以保障中草药的使用,这对于当时我国药品不足的情况来说,起到了重要的

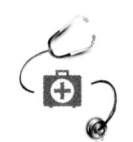

补充作用，也大大减轻了农民的经济负担。许多赤脚医生能够因地制宜学习当地常见病、多发病的治疗，最大限度地保障了农民的生命健康。

赤脚医生的报酬是由集体经济以记工分或补助的形式发放的，他们的收入和工作任务是成正比的。赤脚医生的工作很辛苦，不仅要为农民进行医治，还要开展疾病预防等工作，因此即使他们拿的工分比一般社员高些，大多农民也是能够接受的。由于他们的工资得到合理解决，保障了他们工作的顺利开展。可以说，赤脚医生能够积极为农民进行疾病治疗及开展农村卫生防疫等工作，深受农民的欢迎和尊重，使他们在农村享有一定的声望。在笔者的调研中，一些曾经的赤脚医生说起自己当年的工作时，还是无比的骄傲与自豪，这也是赤脚医生队伍相对稳定的一个因素。

在集体化时期，这些来自农村基层的赤脚医生是最适合广大农村的医务人员队伍，尽管他们没有特别精深的专业技术水平，但是他们能医治处理农村的常见病、流行病、多发病，能够深深扎入农村最基层，能够融入农村文化中，也是当时农村集体经济条件下养得起的卫生人员，而集体对他们的待遇也促使了这支队伍内部的稳定，使他们能够在农村长期扎下根，受到广大农民的欢迎和尊重。

第三节 对农村合作医疗制度的一些思考

纵观集体化时期我国农村合作医疗制度的发展历程，制度自身经验的传承不容忽视，这对当前新型农村合作医疗制度的可持续发展也有一定的借鉴意义。

一、拓宽资金筹集渠道

合作医疗的资金筹集是办好合作医疗的关键和前提。集体化时期合作医疗资金的筹集经历了从20世纪50年代由农民互助为主，成立互助医疗基金，承担全部医疗费用；60年代以集体为主，大部分合作医疗基金来源于集体经济中的公积金和公益金；到70年代的筹集来源于一是看病部分付费，二是集体经济补贴。可以说，作为一种互助共济制度，传统合作医疗制度是以集体和农民为主筹集资金,并通过乡卫生院和村卫生室提供基本医疗卫生服务。但是,集体化时期,合作医疗的统筹范围小,资金统筹低,筹资渠道单一,对一些大病、慢性病缺乏基本的保障。

新时期,筹资是新型农村合作医疗制度建立和可持续发展的根本。当前,新型农村合作医疗制度的资金筹资是由个人缴费、集体扶持和政府资助相结合的方式。作为农村社会一项重要的医疗保障制度,新型农村合作医疗的主体是政府、集体和农民,体现了真正意义上的社会保障。从我国现阶段的实际情况来看,新型农村合作医疗的资金需要由政府、集体、农民等多方渠道筹集,建立动态的合作医疗筹资增长机制,不断创新筹资方式,如此才可充分体现政府的责任、集体的扶持以及农民的参与及费用意识。

二、大力培养乡村医生,使其成为一支留得住、能发展、有保障的乡村医生队伍

在集体化时期,赤脚医生是解决城乡卫生资源不平衡的一种特殊的医务人员群体,他们扎根农村,活跃在田间地头,为广大农民积极进行医治,很好地保障了农民的健康,也改善了农村落后的医疗卫生状况。作为一定历史时期的赤脚医生虽然在现在已经不符合新时期对医务人员的要求,但是这个群体对农村医疗卫生事业的贡献是不能忽视的。特别是当前我国城乡医疗卫生发展现状依旧存在各种不平衡,因此,对于赤脚医生模式中一些好的经验还是值得借鉴的,以促进当前农村医疗卫生事业的开展。

新时期,作为我国农村基层医疗卫生服务队伍中的一个重要群体,乡村医生是最贴近广大农民健康的"守护人"。正是有了新农合制度的创新与完善,赤脚医生才能顺利转变为现在的乡村医生,他们才能更好地扎根农村,服务农村,为保障广大农民的医疗健康问题贡献力量。伴随着新一轮医药卫生体制改革实施以来,乡村医生的整体素质不断提高,服务条件也显著改善。但是也存在一些问题,可以说目前乡村医生队伍仍是农村医疗卫生服务体系的薄弱环节,与农民日益增长的医疗卫生服务需求还存在差距。

基于此,进一步加强乡村医生队伍建设也成为农村医疗卫生体制改革的一个重要问题。2015年,国务院也发出了《加强乡村医生队伍建设的实施意见》,其主要内容包括:明确乡村医生功能任务、加强乡村医生管理、优化乡

村医生学历结构、提高乡村医生岗位吸引力、转变乡村医生服务模式、保障乡村医生合理收入、建立健全乡村医生养老和退出政策、改善乡村医生工作条件和执业环境等，这些制度无不表明了当前乡村医生在促进农村医疗卫生体制变革中的重要作用。如此，才能使乡村医生更好地扎根农村，服务农村，为解决广大农民群众的医疗保障问题贡献力量。

三、突出政府责任

众所周知，集体化时期农村合作医疗制度的发展离不开政府强有力的支持。改革开放初期，由于传统合作医疗的主体职能变化，政府对合作医疗的重视度下降，这些使合作医疗失去了政府强有力的支持，不仅资金匮乏，也降低了农民参合的意愿。随着医疗卫生机构市场化趋势，又出现了农民看病难现象。

集体化时期的合作医疗制度不是简单的农民之间的互保，而是由政府、集体和个人共同建立的。政府强有力的支持和资金保障是合作医疗发展的一个重要因素，在制度实施时，政府承担了县和公社两级医疗机构开展的费用，并且药品价格和诊疗费等也是由政府严格控制的。也就是说由于控制了药品的低价格，以较低的成本和门槛使得广大农民都能参与合作医疗，保障了合作医疗的开展。

新时期，新型合作医疗制度的实施更是需要突出政府责任，特别是新农合采取了个人出资与国家补贴结合的筹资方式，就更突出了政府的责任。比如要加强政府对农村医疗资金的投入，在筹资方面采取国家筹资、转移支付及地方筹资相结合的方式。同时，政府也要引导社会多方共同参与，使新型合作医疗得以顺利实施。

总的来说，集体化时期农村合作医疗之所以能够良好运行，遍地开花，是因为制度的安排与制度环境相适应，即"一大二公"和高度集中的计划经济体制、完善的农村三级医疗保健网以及较低的医疗服务收费水平等相适应。可以说，一项制度安排只有在适宜的制度环境中才能顺利运行。

当前新型农村合作医疗制度的可持续发展也需要一定的制度环境，它是嵌在整个农村经济社会文化发展大环境之中的，其顺利发展会受到农村经济发展水平的影响和制约。

因此，就需要采取各种措施深化农村医疗卫生体制改革，加强农村医疗卫生服务体系建设等，为新型农村合作医疗制度可持续发展创造适宜的外部环境。此外，需要强调的是，健康权是公民最基本的权利，只有明确政府责任，建立以公共资源为基础的医疗体制，才能够确保医疗卫生的公益性和公平性，使老百姓的健康得到有效保障。

主要参考文献

一、中文译著

[1] 安德鲁·海伍德. 政治学 [M]. 张立鹏, 译. 北京: 中国人民大学出版社, 2006.

[2] 罗布·巴戈特. 解析医疗卫生政策 [M]. 赵万里, 等, 译. 上海: 格致出版社, 上海人民出版社, 2012.

[3] 米歇尔·福柯. 规训与惩罚 [M]. 刘北成, 等, 译. 北京: 生活·读书·新知三联书店, 2003.

[4] 威廉·科克汉姆. 医学社会学 [M]. 杨辉, 等, 译. 北京: 华夏出版社, 2001.

[5] 卡斯蒂廖尼. 医学史 [M]. 程之范, 译. 桂林: 广西师范大学出版社, 2003.

[6] 李侃如. 治理中国: 从革命到改革 [M]. 胡国成, 等, 译. 北京: 中国社会科学出版社, 2010.

[7] 费正清. 伟大的中国革命 (1800—1985) [M]. 刘尊棋, 译. 北京: 世界知识出版社, 2000.

[8] F. D. 沃林斯基. 健康社会学 [M]. 孙牧虹, 等, 译. 北京: 社会科学文献出版社, 1999.

二、中文专著

[1] 世界银行. 1993年世界发展报告: 投资于健康 [M]. 北京: 中国财政经济出版社, 1993.

[2] 世界银行. 中国: 卫生模式转变中的长远问题与对策 [M]. 北京: 中国财政经济出版社, 1994.

[3] 当代中国丛书编辑委员会. 当代中国的卫生事业 (上、下) [M]. 北京: 中国社会科学出版社, 1986.

[4] 钱信忠. 中国卫生事业发展与决策 [M]. 北京: 中国医药科技出版社, 1992.

[5] 钱信忠，张怡民. 中国卫生五十年历程［M］. 北京：中医古籍出版社，1999.

[6] 陈志潜. 中国农村的医学——我的回忆［M］. 成都：四川人民出版社，1998.

[7] 薛建吾. 乡村卫生［M］. 台北：正中书局，1936.

[8] 费孝通. 乡土中国生育制度［M］. 北京：北京大学出版社，2005.

[9] 彭瑞驰，蔡仁华. 中国改革全书：医疗卫生体制改革卷［M］. 大连：大连出版社，1992.

[10] 张怡民. 中国卫生五十年历程［M］. 北京：中医古籍出版社，1999.

[11] 蔡景峰，等. 中国医学通史（现代卷）［M］. 北京：人民卫生出版社，2000.

[12] 黄永昌. 中国卫生国情［M］. 上海：上海医科大学出版社，1994.

[13] 蔡仁华. 中国医疗保障改革实用全书［M］. 北京：中国人事出版社，1998.

[14] 蔡仁华，周采铭. 中国改革全书（1978—1991）医疗卫生体制改革卷［M］. 大连：大连出版社，1992.

[15] 王绍光. 中国公共卫生的危机与转机［G］//比较. 第7辑. 北京：中信出版社，2003.

[16] 张自宽. 论合作医疗［M］. 太原：山西人民出版社，1993.

[17] 张自宽. 亲历农村卫生六十年——张自宽农村卫生文选［M］. 北京：中国协和医科大学出版社，2011.

[18] 张自宽. 论医改导向：不能走全面推向市场之路［M］. 中国协和医科大学出版社，2006.

[19] 张开宁. 从赤脚医生到乡村医生［M］. 云南人民出版社，2002.

[20] 杨念群. 再造"病人"——中西医冲突下的空间政治［M］. 北京：中国人民大学出版社，2006.

[21] 郑功成. 论中国特色的社会保障道路［M］. 武汉：武汉大学出版社，1997.

[22] 甄志亚. 中国医学史［M］. 江西：江西科学技术出版社，1987.

[23] 尹力，任明辉. 医疗保障体制改革：一场涉及生老病死的变革［M］. 广州：广东经济出版社，1999.

[24] 王红漫. 大国卫生之难——中国农村医疗卫生现状与制度改革探讨［M］. 北京：北京大学出版社，2004.

[25] 张自力. 健康传播与社会——百年中国疫病防治话语的变迁［M］. 北京：北京大学医学出版社，2008.

[26] 张建平. 中国农村合作医疗制度研究［M］. 北京：中国农业出版社，2006.

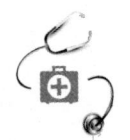

[27] 顾昕, 高梦滔, 姚洋. 诊断与处方: 直面中国医疗体制改革 [M]. 北京: 社会科学文献出版社, 2006.

[28] 李和森. 中国农村医疗保障制度研究 [M]. 北京: 经济科学出版社, 2005.

[29] 李华. 中国农村合作医疗制度研究 [M]. 北京: 经济科学出版社, 2007.

[30] 杨善发. 中国农村合作医疗制度变迁研究 [M]. 南京: 南京大学出版社, 2012.

[31] 乐章. 制度、组织与组织化制度: 长阳合作医疗个案研究 [M]. 北京: 中国社会科学出版社, 2010.

[32] 许正中. 社会医疗保险: 制度选择与管理模式 [M]. 北京: 中国社会科学出版社, 2002.

[33] 余新忠. 清代江南的瘟疫与社会——一项医疗社会史的研究 [M]. 北京: 中国人民大学出版社, 2003.

[34] 徐小青. 中国农村公共服务 [M]. 北京: 中国发展出版社, 2002.

[35] 李迎生. 社会保障与社会结构转型 [M]. 北京: 中国人民大学出版社, 2001.

[36] 肖爱树. 农村医疗卫生事业的发展 [M]. 镇江: 江苏大学出版社, 2010.

[37] 伍凤兰. 农村合作医疗的制度变迁研究 [M]. 杭州: 浙江大学出版社, 2009.

[38] 宋晓梧. 中国社会保障制度建设20年 [M]. 河南: 中州古籍出版社, 1998.

[39] 胡浩波. 卫生事业管理 [M]. 北京: 北京医科大学出版社, 2000.

[40] 宋其超. 医改取向及相关政策 [M]. 北京: 中国社会出版社, 2009.

[41] 苏涛. 中国社会保障事业发展研究 [M]. 北京: 经济管理出版社, 2004.

[42] 张琪. 中国医疗保障理论、制度与运行 [M]. 北京: 中国劳动社会保障出版社, 2003.

[43] 杨念群, 黄兴涛, 毛丹. 新史学: 多学科对话的图景 [M]. 北京: 中国人民大学出版社, 2003.

[44] 刘钟毅. 从赤脚医生到美国大夫 [M]. 上海: 上海人民出版社, 1994.

[45] 朱阳, 郭永钧. 毛泽东的社会主义观 [M]. 北京: 人民出版社, 1994.

[46] 李清泉. 农民健康之光——合作医疗 [M]. 北京: 新华出版社, 1991.

[47] 吕兆丰. 碧流琼沙——赤脚医生时期口述史 [M]. 北京: 燕山出版社, 2010.

[48] 胡凯, 刘丽杭. 卫生国情概论(修订本) [M]. 长沙: 湖南科学技术出版社, 1998.

[49] 张文, 刘家全, 王明旭. 中国卫生事业可持续发展研究 [M]. 北京: 军事医学科学出版社, 2000.

[50] 林闽钢．走向全球化的中国社会保障制度改革［M］．北京：中国商业出版社，2001．

[51] 沈寿文．政策与法制：农村合作医疗制度演进浅论［M］．北京：中国社会科学出版社，2007．

[52] 卫兴华．中国社会保障制度研究［M］．北京：中国人民大学出版社，1994．

[53] 林光汶，等．中国卫生政策［M］．北京：北京大学医学出版社，2010．

[54] 成思危．中国社会保障体系的改革与完善［M］．北京：民主与建设出版社，2000．

[55] 朱潮，陈海峰．新中国医学教育史［M］．北京：联合出版社，1990．

[56] 胡宜．送医下乡：现代中国的疾病政治［M］．北京：社会科学文献出版社，2011．

[57] 王曙光，等．社会参与、农村合作医疗与反贫困［M］．北京：人民出版社，2008．

[58] 程漱兰．中国农村发展：理论和实践［M］．北京：中国人民大学出版社，1999．

[59] 程漱兰，徐德徽．世界银行发展报告20年回顾［M］．北京：中国经济出版社，1999．

[60] 卢现祥．新制度经济学［M］．武汉：武汉大学出版社，2004．

[61] 杨懋春．社会学［M］．台北：台湾商务印书馆，1983．

[62] 张文儒．毛泽东与中国现代化［M］．北京：当代中国出版社，1993．

[63] 丁名宝，蔡孝恒．毛泽东卫生思想研究［M］．武汉：湖北科学技术出版社，1993．

[64] 薄一波．若干重大决策与事件的回顾（上）（下）［M］．北京：中共党史出版社，2008．

[65] 李迎生．转型时期的社会政策：问题与选择［M］．北京：中国人民大学出版社，2007．

[66] 陈吉元，陈家骥，杨勋．中国农村社会经济变迁（1949—1989）［M］．太原：山西经济出版社，1993．

[67] 温铁军．农村基本经济制度研究［M］．北京：中国经济出版社，2000．

[68] 于建嵘．岳村政治——转型期中国乡村政治结构的变迁［M］．北京：商务印书馆，2001．

[69] 杜润生．杜润生自述——中国农村体制变革重大决策纪实［M］．北京：人民出

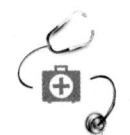

版社，2007.

[70] 葛志华. 为中国"三农"求解：转型中的农村社会 [M]. 南京：江苏人民出版社，2004.

[71] 高化民. 农业合作化运动始末 [M]. 北京：中国青年出版社，1999.

[72] 张乐天. 告别理想：人民公社制度研究 [M]. 上海：上海人民出版社，2005.

[73] 陈大斌. 从合作化到公社化——中国农村的集体化时代 [M]. 北京：新华出版社，2010.

[74] 葛志华. 为中国"三农"求解：转型中的农村社会 [M]. 南京：江苏人民出版社，2004.

[75] 陆学艺，等. 中国农村现代化道路研究 [M]. 南宁：广西人民出版社，1998.

[76] 陈汉. 八月的足迹——毛泽东1958年河南农村视察纪实 [M]. 北京：中央文献出版社，2001.

[77] 宋连生. 总路线、大跃进、人民公社化运动始末 [M]. 昆明：云南人民出版社，2002.

[78] 贾艳敏. 大跃进时期乡村政治的典型——河南嵖岈山卫星人民公社研究 [M]. 北京：知识产权出版社，2006.

[79] 费正清，麦克法夸尔. 剑桥中华人民共和国史（1949—1965）[M]. 上海：上海人民出版社，1990.

[80] 李银河. 生育与村落文化 [M]. 北京：中国社会科学出版社，1994.

[81] 徐勇，等. 中国农村与农民问题前沿研究 [M]. 北京：经济科学出版社，2009.

[82] 李友梅，等. 从弥散到秩序："制度与生活"视野下的中国社会变迁（1921—2011）[M]. 北京：中国大百科全书出版社，2011.

[83] 纪程. 话语政治：中国乡村社会变迁中的符号权力运作 [M]. 北京：中国社会科学出版社，2011.

[84] 温锐. 毛泽东视野中的中国农民问题 [M]. 南昌：江西人民出版社，2004.

[85] 邓力群. 毛泽东读社会主义政治经济学批注和谈话 [M]. 北京：中国国史学会，1998.

[86] 马齐彬，陈文斌. 中国共产党执政四十年（1949—1989）[M]. 北京：中共党史资料出版社，1989.

[87] 邸延生. 历史的遗憾：毛泽东的未竟事业 [M]. 北京：新华出版社，2010.

[88] 景琳. 农村合作医疗实用手册 [M]. 成都：四川科技出版社，1998.

［89］健康报编辑部．介绍民办合作医疗的经验［M］．北京：人民卫生出版社，1958．

［90］人民卫生出版社．深受贫下中农欢迎的合作医疗制度：有关农村合作医疗制度的文章选［M］．北京：人民卫生出版社，1970．

［91］人民卫生出版社．把群众性的医疗卫生工作办好［M］．北京：人民卫生出版社，1971．

［92］人民卫生出版社．怎样办好合作医疗（第1辑）［M］．北京：人民卫生出版社，1974．

［93］人民卫生出版社．怎样办好合作医疗（第2辑）［M］．北京：人民卫生出版社，1974．

［94］人民卫生出版社．怎样办好合作医疗（第3辑）［M］．北京：人民卫生出版社，1975．

［95］卫生部办公厅．中华人民共和国卫生法规汇编（1978—1980）［M］．北京：法律出版社，1982．

［96］卫生部办公厅．中华人民共和国卫生法规汇编（1981—1983）［M］．北京：法律出版社，1985．

［97］民政部政策研究室．中国农村社会保障［M］．北京：中国社会出版社，1997．

［98］卫生部统计信息中心．卫生改革专题调查研究［M］．北京：中国协和医科大学出版社，2004．

三、期刊论文文献

［1］姚力．"把医疗卫生工作的重点放到农村去"——毛泽东"六·二六"指示的历史考察［J］．当代中国史研究，2007（3）．

［2］李华．农村合作医疗变迁的制度环境分析［J］．学习与探索，2005（6）．

［3］毛翠英．财政压力视角下的中国农村合作医疗制度变迁［J］．中南财经政法大学学报，2008（4）．

［4］夏杏珍．农村合作医疗制度的历史考察［J］．当代中国史研究，2003（5）．

［5］张自宽，赵亮，李枫．中国农村合作医疗50年之变迁［J］．中国农村卫生事业管理，2006（2）．

［6］张自宽．关于我国农村合作医疗保健制度的回顾性研究［J］．中国农村卫生事业管理，1994（6）．

［7］张自宽．对合作医疗早期历史的回顾［J］．中国卫生经济，1992（6）．

[8] 张自宽. 中国农村卫生发展道路的回顾与展望 [J]. 中国农村卫生事业管理, 1999 (9).

[9] 张自宽. 关于在新形势下如何办好村级卫生组织的探讨 [J]. 中国医院管理, 1986 (6).

[10] 宋士云. 1949—1978 年中国农村社会保障制度透视 [J]. 中国经济史研究, 2003 (3).

[11] 陶勇. 二元经济结构下的中国农民社会保障制度透视 [J]. 财经研究, 2002 (1).

[12] 蔡天新. 新中国成立以来我国农村合作医疗制度的发展历程 [J]. 党的文献, 2009 (3).

[13] 刘军民. 农村合作医疗存在的制度缺陷 [J]. 华中师范大学学报: 人文社会科学版, 2006 (2).

[14] 温益群. 赤脚医生产生和存在的社会文化因素 [J]. 云南民族大学学报: 哲学社会科学版, 2005 (2).

[15] 谢圣远. 农村合作医疗制度的历史回顾与发展反思 [J]. 中国卫生经济, 2005 (4).

[16] 杨念群. 防疫行为与空间政治 [J]. 读书, 2003 (7).

[17] 叶宜德, 等. 农村合作医疗制度研究 [J]. 中国农村卫生事业管理, 1998 (6).

[18] 刘纪荣, 王先明. 二十世纪前期农村合作医疗制度的历史变迁 [J]. 浙江社会科学, 2005 (2).

[19] 周寿棋, 等. 中国农村健康保健制度的研究进展 [J]. 中国农村卫生事业管理, 1994 (9).

[20] 周寿祺. 合作医疗与健康保险的比较: 兼论农村医疗保健制度改革的基本策略 [J]. 中国农村卫生事业管理, 1987 (12).

[21] 张昕, 杨芳. 农民健康权、政府责任与新型农村合作医疗初论 [J]. 中国卫生法制, 2008 (2).

[22] 李卫平, 石光, 赵琨. 我国农村卫生保健的历史、现状与问题 [J]. 管理世界, 2003 (4).

[23] 张立荣, 等. 中国农村社会保障: 现状分析与对策构想 [J]. 社会保障制度, 2001 (3).

[24] 赵德余, 梁鸿, 王云竹. 寻租控制、信念与制衡——上海农村合作医疗的制度结

构、效率特征及其经验价值 [J]. 中国农村观察, 2006 (4).

[25] 朱俊生, 等. 论建立多层次农村医疗保障体系 [J]. 人口与经济, 2002 (2).

[26] 张海柱. 农村合作医疗政策变迁分析：一种政策过程视角 [J]. 甘肃理论学刊, 2012 (3).

[27] 王红漫. 中国农村医疗保障制度政策研究 [J]. 经济要参, 2002 (29).

[28] 葛强. 推行农村合作医疗可行性调查分析 [J]. 江苏卫生保健, 2002 (3).

[29] 唐莉, 安彦彦. 建国后我国农村合作医疗公共政策取向分析——以合作医疗模式历史演变为视角 [J]. 南方农村, 2005 (5).

[30] 梁鸿. 试论中国农村社会保障及其特殊性 [J]. 社会保障制度, 2000 (1).

[31] 刘军民. 农村合作医疗存在的制度缺陷 [J]. 华中师范大学学报：人文社会科学版, 2006 (2).

[32] 杨小军. 毛泽东"三农"思想的内在矛盾性及其根源 [J]. 当代世界与社会主义, 2012 (5).

[33] 左和祥, 等. 经济欠发达地区推行农村合作医疗制度的思考 [J]. 中国卫生事业管理, 1998 (8).

[34] 田庆丰, 李小芳, 李中琳. 新型农村合作医疗的受益公平性研究 [J]. 医学与哲学：人文社会医学版, 2006 (8).

[35] 林闽钢. 中国农村合作医疗制度的公共政策分析 [J]. 江海学刊, 2002 (3).

[36] 林闽钢. 我国农村合作医疗制度治理结构的转型 [J]. 农村经济问题, 2006 (5).

[37] 马振江. 试论有中国特色的农村初级卫生保健体系 [J]. 中国卫生经济, 2000 (5).

[38] 李德成. 中国农村传统合作医疗制度研究综述 [J]. 华东理工大学学报：社会科学版, 2007 (1).

[39] 李德成. 赤脚医生研究述评 [J]. 中国初级卫生保健, 2007, (21), (1).

[40] 傅建辉. 从集体福利到社会保障——论人民公社与家庭经营时期的农村合作医疗制度 [J]. 广西社会科学, 2005 (2).

[41] 李长健, 张磊, 邵江婷. 农民健康权理论下我国农村合作医疗法律制度构建——以农民利益保障为研究视角 [J]. 时代法学, 2008 (4).

[42] 中国农村健康保险试验项目研究组. 中国农村健康保险试验研究工作报告 [J]. 中国卫生事业管理, 1994 (2).

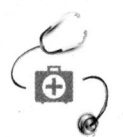

[43] 朱玲. 政府与农村基本医疗保健保障制度选择 [J]. 中国社会科学, 2000 (4).

[44] 朱玲. 政府与农村基本医疗保障制度选择 [J]. 中国社会科学, 2004 (4).

[45] 朱玲. 乡村医疗保险和医疗救助 [J]. 金融研究, 2000 (5).

[46] 王禄生, 张里程. 我国农村合作医疗制度发展历史及其经验教训 [J]. 中国卫生经济, 1996 (8).

[47] 秦美娇. 合作医疗为何滞后发展 [J]. 中国农村卫生事业管理, 1996 (4).

[48] 邱鸿钟. 当代医药卫生改革的话语逻辑 [J]. 医学与哲学：人文社会医学版, 2008 (12).

[49] 曹普. 20世纪90年代两次"重建"农村合作医疗的尝试与效果 [J]. 党史研究与教学, 2009 (4).

[50] 曹普. 改革开放前中国农村合作医疗制度 [J]. 中共党史资料, 2006, (3).

[51] 曹普. 1949—1989：中国农村合作医疗制度的演变与评析 [J]. 中共云南省委党校学报, 2006 (5).

[52] 胡振栋. 覃祥官：中国合作医疗的领路人 [J]. 东北之窗, 2006 (2).

[53] 胡振栋. "中国合作医疗之父"覃祥官. 新天地, 2006 (10).

[54] 陈伟诚, 胡宏伟. 我国农村合作医疗制度变迁与评析 [J]. 农村观察, 2006 (1).

[55] 顾昕, 方黎明. 自愿性与强制性之间——中国农村合作医疗的制度嵌入性与可持续性发展分析 [J]. 社会学研究, 2004 (5).

[56] 张多来. 毛泽东与中国特色的农村卫生思想 [J]. 湖南医科大学学报, 1999 (1).

[57] 刘鹏. 合作医疗与政治合法性——一项卫生政治学的实证研究 [J]. 华中师范大学学报：人文社会科学版, 2006 (3).

[58] 余新忠. 关注生命——海峡两岸兴起疾病医疗社会史研究 [J]. 中国社会经济史研究, 2001 (3).

[59] 阿玛蒂亚·森. 人类发展与健康 [J]. 二十一世纪（香港）, 2006 (12).

[60] 朱子会. 对合作医疗的历史评价及前途的展望 [J]. 中国医院管理, 1986 (8).

[61] 方青. 从"集体保障"到"社会保障"——中国农村社会保障（1949—2000）[J]. 当代中国史研究, 2002 (1).

[62] 林安红. 农村公共产品供给困境实例分析——以新型农村合作医疗为例 [J]. 安徽农林大学学报：哲学社会科学版, 2008 (6).

[63] 乔益洁．中国农村合作医疗制度的历史变迁［J］．青海社会科学，2004（3）．

[64] 王来渝．农村合作医疗发展探析［J］．中国初级卫生保健，2002（1）．

[65] 史永丽，孙淑云．农村合作医疗制度的起源及其法律性质分析［J］．山西大学学报：哲学社会科学版，2006（4）．

[66] 杜志章．关于医学社会史的理论思考［J］．史学月刊，2006，（2）．

[67] 朱敖荣，吴雁鸣，叶宜德．重振合作医疗保健制度［J］．中国农村卫生事业管理，1991（12）．

[68] 沈寿文．中国农村传统合作医疗制度存续背景研究［J］．云南民族大学学报：哲学社会科学版，2007（5）．

[69] 杨善发，黄余送，王永莲，扈书霞．新型农村合作医疗政策利益相关者分析［J］．中国农村卫生事业管理，2007（5）．

[70] G.布罗姆，汤胜蓝．中国政府在农村合作医疗保健制度中的角色与作用［J］．中国卫生经济，2002（3）．

[71] 方小平．赤脚医生与合作医疗制度——浙江省富阳县个案研究［J］．二十一世纪（香港），2003（10）．

[72] 卫.M.兰普．"大跃进"时期的医疗政策［J］．科学文化评论，2006（1）．

[73] 谷加恩．人民公社时期农村合作医疗事业成功的原因探析［J］．武汉职业技术学院，2006（5）．

[74] 史永丽，孙淑云．农村合作医疗制度的起源及其法律性质分析［J］．山西大学学报．2006（4）．

[75] 王国军．中国农村社会保障制度的变迁［J］．浙江社会科学，2004（1）．

[76] 王绍光．中国公共卫生的危机与转机［J］．比较，2003（7）．

[77] 王绍光，等．共和国六十年回顾与展望［J］．开放时代，2008（1）．

[78] 王延中．试论国家在农村医疗保障中的作用［J］．战略与管理，2001（3）．

[79] 王延中．新世纪中国农村医疗保障制度的发展方向和政策建议［J］．中国卫生经济，2001（2）．

[80] 郑功成．农村社会保障的误区与政策取向［J］．理论与实践，2003（12）．

[81] 马冀．医疗下乡与国家建设——以1965年通县为中心的考察［J］．党史研究与教学，2014（2）．

[82] 马冀．农村传统合作医疗制度研究的现状与思考［J］．中共党史研究，2013（3）．

[83] 马冀. 新中国初期北京市农村医疗卫生工作探析 [J]. 兰州学刊, 2012 (3).

[84] 庞新华. 农村合作医疗制度研究述评 [J]. 许昌学院学报, 2004, (3).

[85] 蔡滨, 朱成明, 柏雪, 王俊华. 浅析新型农村合作医疗制度公共产品特征 [J]. 中国卫生事业管理, 2012 (3).

[86] 丁宁宁. 经济体制改革与中国的医疗卫生事业——中国医疗卫生体制变化的经济、政治、社会背景 [J]. 中国发展评论, 2005（增刊）.

[87] 李卫平, 石光, 赵琨. 我国农村卫生保健的历史、现状与问题 [J]. 管理世界, 2003 (4).

[88] 韩俊, 罗丹. 中国农村医疗卫生状况报告 [J]. 中国发展观察, 2005 (1).

[89] 林安红. 农村公共产品供给困境实例分析——以新型农村合作医疗为例 [J]. 安徽农林大学学报：哲学社会科学版, 2008 (6).

[90] 胡宏伟. 中国农村合作医疗政策取向的历史回顾与评析 [J]. 广西经济管理干部学院学报, 2006 (1).

[91] 田庆丰, 李小芳, 李中琳. 新型农村合作医疗的受益公平性研究 [J]. 医学与哲学：人文社会医学版, 2006 (8).

[92] 沈志华. 苏联对"大跃进"和人民公社的反应及其结果——关于中苏分裂缘起的进一步思考 [J]. 中共党史资料, 2003 (1).

[93] 宋学勤. 当代中国史研究与口述史学 [J]. 史学集刊, 2006 (5).

[94] 黄敏. 隐喻与政治：《人民日报》元旦社论（1979—2004）隐喻框架之考察 [J]. 修辞学习, 2006 (1).

[95] 辛奉受. 早年毛泽东的乌托邦思想 [J]. 二十一世纪（香港）, 2003 (12).

[96] 张云霞. 四清运动中的刘少奇与毛泽东 [J]. 哈尔滨学院学报, 2012 (12).

[97] 吴鹏森, 余君. 传统社会主义理念与农业合作化运动——对农业合作化运动动因的再认识 [J]. 二十一世纪（香港）, 2004 (6).

[98] 李斌. 新农合、选择空间与农民主体性困境 [J]. 湖南大学学报：社会科学版, 2012 (6).

[99] 王正旭. 国家建设、现代政府和民主之路——六十年来中国的政治发展 [J]. 宋波, 译. 马克思主义与现实, 2010 (1).

[100] 桑兵. 从眼光向下回到历史现场——社会学人类学对近代中国史学的影响 [J]. 中国社会科学, 2005 (1).

[101] 林尚立. 社会主义与国家建设——基于中国的立场和实践 [J]. 社会科学战线,

2009（6）.

[102] 周晓虹. 从国家与社会关系看中国农民的政治参与——毛泽东和后毛泽东时代的比较［J］. 中国社会科学季刊，2000（秋季卷）.

四、学位论文

[1] 庞新华. 山东省农村合作医疗制度研究［D］. 济南：山东大学硕士学位论文，2005.

[2] 赵海林. 福建省传统农村合作医疗制度研究［D］. 福州：福建师范大学硕士学位论文，2010.

[3] 谢真. 中国农村传统合作医疗制度的兴衰［D］. 北京：中国人民大学硕士学位论文，2005.

[4] 郭彩霞. 20世纪50年代联合诊所始末——以广东省为例［D］. 广州：广州中医药大学硕士学位论文，2011.

[5] 杜慧. 试论政府在我国农村医疗保障中的作用［D］. 北京：中国人民大学硕士学位论文，2006.

[6] 宋涛. 农村合作医疗的组织与管理［D］. 上海：复旦大学博士学位论文，2004.

[7] 李德成. 合作医疗与赤脚医生研究（1955—1983年）［D］. 杭州：浙江大学博士学位论文，2007.

[8] 姚力. 当代中国医疗保障制度史论［D］. 北京：中国人民大学博士论文，2007.

[9] 钟雪生. 中国农村传统合作医疗制度研究［D］. 北京：中央党校博士论文，2008.

[10] 王胜. 集体化时期农村医疗卫生制度研究［D］. 北京：首都师范大学博士论文，2009.

[11] 胡宜. 疾病、政治与国家建设［D］. 武汉：华中师范大学博士论文，2007.

五、文集及史料文献

[1] 毛泽东选集（第3卷）［M］. 北京：人民出版社，1991.

[2] 毛泽东文集（第5卷）［M］. 北京：人民出版社，1999.

[3] 周恩来选集（上、下卷）［M］. 北京：人民出版社，1980年版（上卷），1984年版（下卷）.

[4] 中共中央文献研究室. 建国以来毛泽东文稿（第4册）［M］. 北京：中央文献出版社，1990.

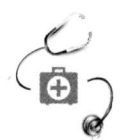

[5] 中共中央文献研究室.建国以来毛泽东文稿(第6册)[M].北京:中央文献出版社,1992.

[6] 中共中央文献研究室.建国以来毛泽东文稿(第8册)[M].北京:中央文献出版社,1993.

[7] 中共中央文献研究室.建国以来毛泽东文稿(第9册)[M].北京:中央文献出版社,1996.

[8] 中共中央文献研究室.建国以来毛泽东文稿(第11册)[M].北京:中央文献出版社,1996.

[9] 中共中央文献研究室.建国以来重要文献选编(第4册)[M].北京:中央文献出版社,1993.

[10] 中华人民共和国卫生部.中国卫生统计年鉴(2011)[M].北京:中国协和医科大学出版社,2011.

[11] 卫生部基层卫生与妇幼保健司.农村卫生文件汇编(1951—2000)(内部资料)[M].北京:卫生部基层卫生与妇幼保健司,2001.

[12] 当代中国农业合作化编辑室.建国以来农业合作化史料汇编[M].北京:中共党史出版社,1992.

[13] 中共中央党校理论研究室.中国人民共和国国史全鉴·卫生卷[M].北京:中共中央文献出版社,2005.

[14] 通县卫生志编撰委员会.通县卫生志[M].北京:农业出版社,1992.

[15] 王芸.北京档案史料.(2005年第1—4册)[M].北京:新华出版社,2005.

[16] 卫生部办公厅.全国农村卫生工作山西稷山现场会议资料汇编[M].北京:人民卫生出版社,1960.

[17] 中国医学科学院农村巡回医疗队.农村医学(上、中、下)[M].北京:人民卫生出版社,1965.

[18] 新中国预防医学历史经验编委会.新中国预防医学历史经验(第一卷)[M].北京:人民卫生出版社,1991.

[19] 河北省地方编纂委员会.河北省志·卫生志[M].中华书局,1995.

[20] 山东省卫生志编纂委员会.山东省卫生志[M].济南:山东人民出版社,1992.

[21] 滦县《卫生志》编纂委员会.滦县卫生志[M].河北:河北出版社,1999.

[22] 广州市地方志编纂委员会.广州市志·卷十五:体育卫生志[M].广州:广州出版社,1997.

［23］广东省地方史志编纂委员会．广东省志·卫生志［M］．广州：广东人民出版社，2003．

［24］河南直属南阳医疗队．医疗队员手册（内部资料），1965．

［25］重庆市医务工作者协会出版部．第一届全国卫生会议重要文献［M］．四川：重庆市医务工作者协会出版部，1950．

［26］江西省卫生局．合作医疗经验汇编［M］．南昌：江西人民出版社，1973．

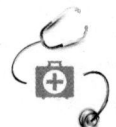

后 记

本书是北京市属高等学校高层次人才引进与培养计划项目（CIT&TCD201304077）的阶段性研究成果。

对农村合作医疗问题的研究开启于读博期间，而这个课题促使了我的研究从个案走向宏观。通过这些研究，笔者深深理解任何制度都不可能是完美无缺的，需要随着实践的发展不断地补充、完善和发展。我国的农村医疗保障体系绝不会止步于合作医疗制度，随着社会的发展，我国必将建立更高层次的农村医疗保健体系，而新的问题会不断产生。因此，对农村医疗保障问题的探究还需我们继续下去。

最后，由于水平有限，本书也存在许多不足之处，真诚希望能得到各位专家学者的批评与指教。此外，在本书的写作中也得到了课题组成员的大力支持，特别是查阅档案及调研过程中离不开大家的努力。其中北京联合大学的陈雪英在第一、二章的写作中给予许多支持，崔芸在第三、四章的写作中给予许多支持，在此一并表示感谢。